江西师范大学博士文库专项资助成果

基于主体功能分区的农地发展权补偿研究

STUDY ON COMPENSATION
OF FARMLAND
DEVELOPMENT RIGHTS BASED
ON MAIN FUNCTIONAL
ZONING

任艳胜 著

中国社会科学出版社

图书在版编目(CIP)数据

基于主体功能分区的农地发展权补偿研究 / 任艳胜著.—北京：中国
社会科学出版社，2015.3
ISBN 978 – 7 – 5161 – 5927 – 9

Ⅰ.①基…　Ⅱ.①任…　Ⅲ.①农村 – 土地征用 – 补偿 – 研究 – 中国
Ⅳ.①F321.1

中国版本图书馆 CIP 数据核字(2015)第 075053 号

出 版 人　赵剑英
责任编辑　宫京蕾
责任校对　王佳玉
责任印制　何　艳

出　　　版　中国社会科学出版社
社　　　址　北京鼓楼西大街甲 158 号（邮编 100720）
网　　　址　http：//www.csspw.cn
发 行 部　010 – 84083685
门 市 部　010 – 84029450
经　　　销　新华书店及其他书店

印刷装订　北京市兴怀印刷厂
版　　次　2015 年 3 月第 1 版
印　　次　2015 年 3 月第 1 次印刷

开　　本　710×1000　1/16
印　　张　12.5
插　　页　2
字　　数　189 千字
定　　价　40.00 元

目　录

第一章　绪论 ……………………………………………………（1）

　第一节　问题的提出 …………………………………………（1）

　第二节　研究目的与意义 ……………………………………（6）

　第三节　国内外研究进展评述 ………………………………（10）

　第四节　研究思路、方法及可能的创新 ……………………（28）

第二章　农地发展权概述及归属 ………………………………（34）

　第一节　农地发展权内涵及特征 ……………………………（34）

　第二节　农地发展权设置的必要性与可行性 ………………（40）

　第三节　农地发展权与其他土地产权关系 …………………（44）

　第四节　农地发展权归属及其意义 …………………………（46）

第三章　农地发展权定价及实证研究 …………………………（58）

　第一节　农地发展权价格内涵 ………………………………（58）

　第二节　农地发展权价格形成机理 …………………………（61）

　第三节　农地发展权价格影响因素 …………………………（64）

　第四节　农地发展权估价方法 ………………………………（67）

　第五节　农地发展权定价的实证分析 ………………………（71）

　小结 …………………………………………………………（104）

第四章　主体功能分区下农地发展受限 …………………… （106）

第一节　主体功能分区下农地发展受限内涵 ……………… （106）

第二节　农地发展受限测度的方法对比及选择 …………… （113）

第三节　农地发展受限测度的理论基础 …………………… （115）

第四节　农地开发受限程度模型构建及区域选择 ………… （119）

第五节　模型结果分析及解释 ……………………………… （123）

小结 ……………………………………………………………… （126）

第五章　基于主体功能分区的农地发展权补偿标准 ……… （127）

第一节　基于主体功能分区的农地发展权补偿内涵 ……… （127）

第二节　主体功能分区下农地发展权补偿标准理论分析 … （132）

第三节　补偿标准模型构建及区域选择 …………………… （135）

第四节　模型结果分析及解释 ……………………………… （136）

小结 ……………………………………………………………… （138）

第六章　基于主体功能分区的农地发展权补偿机制 ……… （140）

第一节　基于主体功能分区的农地发展权补偿机制概念 … （140）

第二节　农地发展权补偿原则 ……………………………… （142）

第三节　农地发展权补偿主体与补偿对象 ………………… （143）

第四节　农地发展权补偿资金来源与分配模式 …………… （146）

小结 ……………………………………………………………… （158）

第七章　研究结论与讨论 …………………………………… （160）

第一节　研究的基本结论 …………………………………… （160）

第二节　相关制度及政策建议 ……………………………… （165）

第三节　讨论与展望 ………………………………………… （169）

附录　湖北省农地价值农户调查问卷 ……………………… （174）

参考文献 ……………………………………………………… （179）

第一章

绪　论

第一节　问题的提出

土地是人类赖以生存的最重要的资源，"是一切生产和一切存在的源泉"[①]。20世纪90年代以来，随着我国城市化进程的加快，我国耕地资源数量不断减少，耕地质量也呈下降态势。据统计，1978—2003年，全国共有470.15万亩耕地转变为非农用地，平均每年就有29.38万亩农地非农化[②]，而且农地非农化的趋势还在加快，短期内可能无法逆转。按照《全国土地利用总体规划纲要》，2000—2030年的30年间，我国城镇化导致的农地非农化还将超过363.33万亩。中国净城镇化指数已从1978年的20%提高到2005年的38%，但它显著低于目前世界48%的平均城市化率和中低收入国家43%的平均值[③]，城镇化将是未来中国经济发展势不可当的趋势（王定祥，2006）；2000年以后，我国发生了第三次大规模"圈地热"，城镇、工业区等正在以前所未有的速度急剧膨胀，城市郊区范围不断向农村腹地推进，越来越多的农村集体土地以种种合法的或非法的、公开的

---

① 马克思：《政治经济学批判前言》，《马克思恩格斯选集》第2卷，人民出版社1972年版，第109页。

② 陈江龙等：《农地非农化效率的空间差异及其对土地利用政策调整的启示》，《管理世界》2004年第8期。

③ World Bank, *World Development Indicators* [M]，2005，The World Bank Washington.

或隐蔽的形式变为城镇建设用地，人们对土地的需求高涨与土地资源稀缺性之间的矛盾日益凸显，这种冲突不能通过一般途径得以解决，需要我们从制度等更高层次上进行创新。

农地，作为人类不可替代的有限的自然资源，一旦变成建设用地便不可恢复，具有"不可逆性"，因此，从保护耕地的角度来看，推进城镇化必然与农业用地保护形成对立的矛盾；另外，在我国城镇化过程中，土地利用效率低下已经是一个不争的事实，乱占滥用、水土流失、沙漠化、土壤污染与土地破坏等现象屡见不鲜；上述现象的出现，与我国的土地利用和保护制度不无关系，我国的土地保护以义务为本位，忽视了产权对于土地利用和保护的重要作用（刘明明，2007）；同时，由于计划经济体制等方面的原因，我国的农村征地补偿制度并未做重大调整，非公共利益性质的征地比例较大，补偿标准也仍然根据农地经济产出价值来估算，忽略了农地未来开发、可转为非农建设用地的增值收益等，导致失地农民的补偿标准过低，大量农地非农增值收益被各级政府及开发商等攫取，直接损害了农民集体的土地利益，导致社会分配极不公平；当前的资产核算体系中也没有包括农地经济产出价值之外的农地价值部分，使农民集体福利大量缺失①。国务院发展研究中心2003—2004年经济白皮书指出，由于采取现有征地制度，导致在一些城乡接合部，出现了所谓的"四无农民"，即"种田无地，就业无岗，社保无份，告状无门"，城乡贫富差距不断拉大，失地农民的生活和就业面临着更为严峻的挑战，这可能使他们在条件许可情况下以不同方式进行抗争，纷纷群起上访，从而激化社会矛盾，甚至危及社会稳定，成为当前我国社会经济发展中不容回避的重要问题。

农地发展权是农地可转为建设用地等不同用途的权利，即可开发农地的权利。尽管目前我国还没有农地发展权制度设置，但农地发展权实际上已经客观存在于国内土地资源利用及管理过程中。2005年10月《广东省集体建设用地使用权流转管理办法》中某些条款实质

---

① 任艳胜：《农地价值与农户福利补偿研究》，《生态经济》2006年第10期。

上是把农民集体作为农地发展权的主体，保证农民集体在不丧失土地所有权的前提下获得土地因使用性质改变而产生的收益，即农地发展权收益。我国一些地方也已探索将规划待转用集体农地在建设用地市场上直接流转，其核心内容就是土地发展权向建设用地者直接转让。建设占用耕地指标的转让、耕地占补平衡中实行的异地平衡、异地代保，其本质上也是年度许可的农地发展权配额指标在不同用地者之间和不同地区之间的转让（王小映，2003；臧俊梅，2007），这些均说明农地发展权设置及其价值实现已成为当前我国社会经济发展过程中的一种客观存在的现实，据此，这些现实背后的理论依据究竟应该是什么、政策设计又该如何定位等问题理应引起我们更多的关注。

在我国当前的社会经济背景下，如何解决以上问题是一项复杂的系统工程，这给政府合理决策和保证政策有效执行提出了一个既现实又严肃的课题。西方国家设置和流转农地发展权的目的在于保护农地、保存开敞空间、保护环境敏感地带、控制城市增长的区位和进程、调节因土地用途变化产生的暴利和暴损以及为城市居民提供良好的生活环境等（赵琴，2007）；因此，考虑到农地发展权制度旨在实现环境保护与经济增长之间的和谐发展、促进农地资源充分利用并已被许多国家创设的现状，非常有必要在我国当前的土地权利体系中引入农地发展权、明确其归属并设计出具体的农地发展权分析框架，以便从根本上缓和国内日益尖锐的人地矛盾、促进我国农地资源保护、全面保护农民的土地财产权益①、保持整个社会的稳定与可持续发展，这也与我国十七届三中全会维护农民集体产权权益等会议精神相符，在我国当前经济条件下具有必要性、可行性。

研究区域可持续发展需要有一个比较适当的区域划分（黄秉维，1989）。随着经济的飞速发展，生态环境与资源利用、经济发展等之间的矛盾日益凸显，国土空间开发秩序混乱，适合经济开发的地区在大力开发，不适合经济开发的地区也在大力开发；此外，在发展导向

---

① 刘永湘（2003）认为，从财产权的角度讲，土地发展权是土地这种特殊财产"权力束"中的一种基本权利，所以，对农民集体土地发展权的压抑实际上就是对集体土地所有者或者集体土地使用者利益的某种损害。

上，当前多把缩小区域差距定位于缩小 GDP 差距，对区域协调发展的内涵缺乏考虑（吕芳，2008）。在这种背景下，"十一五"规划纲要提出了一个重要构想，这个构想便是主体功能区划。

2003 年 1 月，国家发改委委托中国工程院研究相关的课题，在课题中提出增强规划的空间指导，确定主体功能的思路，功能区的概念也在这时开始清晰。2006 年 10 月，国务院办公厅下发了《关于开展全国主体功能区划规划编制工作的通知》（国办发〔2006〕85 号），按照该《通知》，国家发改委和其他 13 个部委局办的主要负责人共同组成全国主体功能区划规划编制工作领导小组。2007 年 5 月，国家发改委副主任陈德铭指出，2007 年要完成国家层面的主体功能区布局，编制好《全国主体功能区划规划（草案）》，2008 年基本完成省级层面的规划布局，这一开创性的工作将在约两年内完成①，影响深远的主体功能区筹划工作，已在争议声中迈出了实质性的第一步；与此同时，跨部门合作的全国主体功能区规划工作已经启动，这也标志着主体功能区构想正式进入实质性操作阶段。

浙江省、江苏省、重庆市等八个省市率先进行了主体功能区划编制工作，取得了一些实践经验；江苏省、浙江省分别根据本省的实际情况开展标准和指标等方面研究并进行分区；同时，甘肃省"十一五"规划、云南省"十一五"规划、四川省"十一五"规划等都将全省划分为四类主体功能区，浙江省也下发了《浙江省主体功能区规划工作方案》，将逐步建立以主体功能区划为基础的差别化区域开发政策，完善相应的生态补偿机制，江苏也有对县域空间开发政策进行了探讨。与此同时，湖北省也确定出《湖北省主体功能区划方法探讨》，选择县级行政区为基本分析单元，将湖北省主体功能区分为六类（贺瑶，2008），该省政府已通过了《武汉城市圈总体规划》，将武汉"8+1"城市圈划分为优化、重点、限制、禁止四类主体功能区，打乱各式行政区划进行功能分区，并已经在整个城市圈内财税、

---

① 陈德铭：《国土空间规划两年内完成》（http：//news. enorth. com. cn/system/2007/05/25/001678276. shtml）。

通信、交通、生态保护、用地指标交易等方面进行了一定的实践操作。当然，以上这些实践都处于探索阶段，也多集中在分区及管理机制方面，如省级层面上落实功能区的划分原则及标准、省级层面上的管理机制探索等方面（李振京，2007），有关主体功能区具体配套政策、具体实践操作模式，尤其是主体功能分区下经济补偿政策、财政转移支付政策等方面仍未深入研究。

推进形成主体功能区，关键靠政策支持①。主体功能区划将成为我国新一轮国土区划，主体功能区划、主体功能区区域规划研究等都将是我国未来相当长一段时间内的研究热点（杜黎明，2007），同时，《国家"十一五"规划纲要》已提出对主体功能区建设实行分类管理的区域政策设想，但也只是从大的方面明确了政策目标，确定了政策作用的方向，提供了相关政策的基本思路，缺乏进一步具体深入的规定；主体功能分区建设对推进我国区域的协调发展是有一定的作用的，但其作用更重要的是体现在规范空间开发尺度上，就是哪些地区可以开发、哪些地区不能开发；从空间功能上看，主体功能区建设会向某些条件比较好的地区倾斜，导致经济发展不均衡问题等②，因此，当前有关主体功能区实践需要同步跟进的就是保障机制的构建以及配套政策的设计。

主体功能分区是具有战略性和综合性的地域空间开发规划（张虹鸥，2007；周杰，2007），根据各区主体功能设置，国家在各功能区内实行不同的土地用途管制和开发强度调控，使限制、禁止开发区内农地开发强度受到不同程度的限制，可能产生不同的农地转用收益变化；各区农地发展权价格的高低不仅反映了政府对土地的空间发展要求及规划管制效果，同时也反映了稀缺的土地资源在市场机制下产权价值的实现，这也正是以政府为主导在空间上进行的跨区配置农地发展权、提高土地资源空间利用效率的表现，值得我们进一步研究其中的一些问题；此外，功能分区中利益分配问题的解决、保障机制的构

① 曾培炎：《推进形成主体功能区促进区域协调发展》，《求是》2008年第2期。
② 魏后凯：《区域经济布局和协调》（http://www.nsd.edu.cn/cn/article.asp? articleid = 10158）。

建等也都可以从农地发展权制度安排中寻找到内在逻辑。

综上所述，随着我国社会经济的发展与市场经济体制的完善，农地发展权制度在我国出现具有一定必然性；同时，主体功能区划必然涉及土地用途管制、农地价格变化、区域内外土地产权人利益变化等内容，这些都可以通过农地发展权制度设计来加以解决。因此，以某些区域为例，尝试研究基于主体功能区的农地发展权补偿，可以拓展农地发展权研究，对促进农地资源保护、全面维护农民集体土地权益、增强功能区政策制定与实施的可行性、充分发挥土地资源参与国家宏观经济的调控作用、实现区域间协调与可持续发展等都具有十分重要的理论及现实意义。

第二节　研究目的与意义

一　研究目的

主体功能分区是针对国土开发适宜性评价而进行的区域划分，本身就是政府根据经济发展和环境保护要求等所做的宏观规划和管制，分区必然涉及区域内农地及农地发展权价值的变化和相关土地产权人利益的损失，本书试图回答以下问题：

（1）在我国当前的产权体系下，农地发展权内涵及其产权特性应该是什么？农地发展权到底应属于哪个主体，发展权增值收益又该如何分配？在未设置农地发展权及其交易市场的条件下，我国农地发展权的价值测算究竟该如何进行？

（2）按照当前各区的主体功能设置及土地政策安排，主体功能分区对各功能区内农地价值产生了怎样的影响？各区影响是否一致？如果实施的开发管制不一致，不同分区下的农地发展权补偿标准该如何确定？

（3）根据主体功能分区规划实践操作及已有理论研究，功能分区下的农地发展权补偿机制该如何构建？补偿来源与补偿资金分配模式具体该如何运作？政府作为规划实施者应该做出怎样的政策调整来维护土地产权人的权益？最终的农地发展权补偿格局又是什么样？

二　研究意义

本书的意义主要体现在：

第一，农民集体的土地财产权益维护问题是我国社会经济发展中不可回避的一个重大的社会经济问题，研究农民集体的土地权益损失有利于保持社会稳定，促进整个国家协调、可持续发展。

随着城市化进程加快，农地的城市化开发、农村征地等就成为一个重要的环节。越来越多的农地被征收，但征地补偿中并未考虑征地后农地发展权价值增值及流向，这些都对农地所有者的产权权益构成了侵害，引起农民在条件许可的情况下以各种不同的方式进行抗争，例如集体上访或其他群体性事件等（刘永湘，2003）；农民集体受损土地权益的维护问题已经成为我国实现小康社会建设目标、促进整个社会协调、可持续发展中必须面对与解决的问题，这些问题处理不好将直接影响到整个社会的稳定与经济发展。

同时，尽管主体功能分区建设会在一定程度上促进区域协调发展，但它必然会带来各区域发展的不均衡（魏后凯，2007），使限制、禁止发展区内受到更大的发展限制，影响当地经济发展与农民土地开发价值的实现；基于以上考虑，本书格外关注农民集体可能遭受的农地价值损失，明确了具有完全产权的农地价值构成，以协调我国农地权益分配过程中出现的问题，全面保护农民的土地财产权益，这将有利于保持社会稳定，推进农村全面建设小康社会，最终促进整个社会的协调、可持续发展。

第二，农地发展权设置及其定量研究为我国当前土地问题、农村问题的解决提供理论依据和决策参考。

有关农地发展权制度设计及其运用等方面研究近年来逐步受到众多学者的关注，而在物权理论和我国法律制度中并没有明确界定并设立农地发展权，但在以土地利用总体规划为依据的土地用途管制制度和农地转用制度，以及征地制度、旧城改造和土地收购储备制度中，实际上是存在着农地发展权问题以及不同主体间的利益协调问题等。

按照产权经济学的观点，适用稀缺资源所发生的利益冲突，必须用这样或那样的规则即产权来解决（杨成余，2006）。在我国当前的社会经济条件下，农地发展权制度设置，如明晰农地发展权内涵、确定发展权归属以及进行农地发展权估价等，可以拓展农地发展权研究、改革征地补偿制度、维护农户权益并调整土地增值收益分配，并为完善土地产权体系，保护农地资源，解决以市场为基础、政府参与配置的土地发展权流转机制中的问题提供科学、合理的理论依据和政策参考，最终促进土地资源的集约利用，实现国家、社会的长远发展。

"三农"问题，说到底是城乡收入差距问题，引起这种差距的一个主要原因就是计划经济体制中形成的城市偏向型二元化土地产权制度。与国有土地不同，农村集体土地的物权权属是残缺、受限制的，农民无法使自己的一些生产要素如农地发展权等通过抵押等增加流动性，也就不能扩大生产可能性边界并获取规模效益；此外，《中共中央关于制定十一五计划的建议》中也指出："继续发展土地、技术和劳动力等要素市场，规范发展各类中介组织，完善商品和要素价格形成机制。"根据以上分析，设置农地发展权并显化其价值当前在我国具有一定的迫切性，设置后可将发展权以各种交换或让渡方式转化为农业扩大再生产和农民收入流增加过程中不可或缺的资本，使政府"管制成本"社会化，最终有助于改变城乡二元土地产权结构，破解我国"三农"问题；同时，设置农地发展权并"还权于民"将有利于其他市场主体（特别是金融机构）更准确合理地确定农用地的价格水平，将使农民承包地以抵押或担保方式在金融机构取得贷款，促进农村金融体系的建立与完善，这是充分发挥农民在解决我国"三农"问题中作用的根本良策，也符合十七届三中全会统筹城乡的发展要求①，为解决我国农村问题提供了重要参考。

第三，农地发展权补偿研究增强了主体功能区补偿机制的现实操作性，为保障主体功能分区规划的顺利实施提供了参考。

---

① 陈家泽：《统筹城乡关键在还权赋能与基础再造》（http://finance.qq.com/a/20081122/000014_1.htm）。

尽管当前国内关于主体功能区下生态补偿、综合利益补偿等方面的研究处于起步阶段，但与已有生态补偿、区域间利益补偿等一样，制定出具有合理性、可操作性的补偿标准始终是补偿机制研究中的核心问题与困难所在。本书借助资产定价理论构建了基于主体功能分区的农地发展权价值补偿标准，具有计量简单、可操作性强等特点，能在很大程度上体现主体功能分区特点，增强主体功能区经济补偿政策的现实可行性，为主体功能分区下的土地政策、财政政策等提供借鉴；同时，本书所设计的农地发展权补偿机制包括补偿内涵、补偿主体与对象、补偿原则、补偿标准、补偿资金来源与分配模式等内容，构成了一个统一整体，能在最大程度上提高补偿机制的效果，尽管研究中仍存在一些不够完善、需要进一步深入研究的地方，但整体来讲，该补偿机制的构建拓宽了主体功能分区下利益补偿研究思路，完善了主体功能区下补偿政策的制定，提高了补偿机制的现实操作性等，为保障分区规划顺利实施等提供了依据或参考，具有重要的理论与现实意义。

第四，有利于保护农地，改革我国现有土地管理模式。

当前主体功能分区配套政策中关于土地方面的规定是：要对优化开发区域实行更严格的建设用地增量控制，在保证基本农田不减少的前提下适当扩大重点开发区域建设用地供给，对限制开发区域和禁止开发区域实行严格的土地用途管制，严禁生态用地改变用途。以上这些只是功能分区下土地政策方面的原则性规定，缺乏准确、定量化的指标控制，对如何实现农地保护目标，如何做好与现有土地利用规划及城镇建设规划衔接等方面论述较少。主体功能分区下的农地发展权补偿研究必然涉及农地发展权的设置及其定量化研究，政府可根据各地自然、社会经济条件的差异，通过对市场的调控影响农地发展权价格的形成，调配不同区域农地发展权交易量，并通过显化农地发展权价值增加征地成本，促使政府、开发商等更加集约、节约利用土地资源，这些都最终有利于保护农地及自然环境，维持农地上的农业生产。

"十一五"规划从多个角度论证了如何促进共同富裕和社会和谐，

特别强调注意社会发展利益的平均分配。通过研究主体功能分区下的农地发展权补偿问题有助于借鉴西方农地发展权转移制度与国内外分区补偿机制，构建一套适合市场经济条件下农地价值补偿要求的政府管理模式，确立以产权保护为核心的土地管理实现路径（孙弘宇，2006），也可以尝试将主体功能分区下的征地拆迁、农地入市、土地储备等工作利用市场化原则改造，调整现有农地增值收益分配体系，转变政府机构的土地管理职能，实现我国土地管理工作由行政管理走向公共管理，从而更加科学合理地为民众服务，这是推进国家土地管理政策深化改革的重要表现。

第三节　国内外研究进展评述

当前国外已设置农地发展权制度，相对应的文献较丰富，主体功能分区是由我国政府首先提出的，国内的研究较多，本节将综合对国内外学者研究做系统的回顾与评述。

一　农地价值估算

本书研究的农地指的是在正常的自然、社会经济条件下，能实现完全产权、具有一定开发潜力的农用地。农地估价是研究农地及农地产权问题的基础，吸引着众多的国内外学者对该领域不断深入研究。本部分的农地估价方法不包括《农用地估价规程》中所涉及的传统农地估价方法，如收益还原法、市场比较法、成本逼近法、剩余法、评分估价法、基准地价系数修正法等内容，也不包括对传统农地估价方法的改进以及城市经济学估价理论模型等。

（一）以地租理论为基础研究

吕萍（2004）认为，农地的价格应该等于到农地转变用途时农地地租的折现与扣除转移成本后净开发租金的折现之和，其计算可由农地现用途价格与开发用途的价格相加得到，其中，前者主要由农业地租、折现率、从现用途到转化用途的时间决定，后者主要由开发用途租金、折现率、转换用途以后的时间所决定。Cynthia（2001）分别区分了开发限制、开发未限制农地价格，根据资产定价理论认为，保持发展潜力的农业宗地市场价值将反映它的农业用途价值（未来农业收益流的折现值）和转变为一种非农用途选择的价值，而被限制宗地市场价值将只反映它农业使用价值。Andrew（2002）将与不可逆及不确定土地发展相联系的选择价值资本化到当前农地价值中，并把当前农业土地价值分解为农业生产地租价值和未来土地发展地租价值两部分，并数理推导了潜在的土地发展对农业土地价格的影响。Andrew（2001）认为，根据基本财产市场方程，在一个竞争土地市场中，土地价格等于未来地租流的折现价值。于是，如果发展中的地租在将来超过了农业地租，未来发展的较高地租将被资本化到农地的当前价格中，基于此构建数理模型。Needham（1992）认为，政府征用土地的价格应该等于农地地租决定的现用途价格与由农地地租决定的转变用途的补偿费之和。其中，前者是农业地租的折现价值之和，后者用农业地租与一定系数的乘积来表示，这一价格水平反映了农地转用的成本价格水平，可以作为确定农地转用价格的最低标准。

国内学者在以地租理论为基础进行农地估价方面的研究较少，这可能与国内对农地资产化特性认识不深、估价操作困难等情况有关。相比较而言，国外由于市场化程度较高，整体上在这方面的研究较多；国外这类方法适宜于全面分析一定社会经济条件下，如分区、政府管制等情况下农地价值的变化情况，但在我国用该类方法定量分析农地价格时具有一定困难，很难对某个地块或整片区域农地价格进行较准确、合理的估算。

（二）以农地价值构成理论为基础研究

王利军（2003）认为，土地的价值是由土地物质和土地资本构成的，所以土地的价格也应该由土地的物质价格和土地资本共同组成。前者可称为真正的地价并可分为绝对地价和级差地价Ⅰ，土地的资本价格可分为土地自身资本价格和外部辐射资本价格两部分。汪峰（2001）将农地价值分为农地经济价值、社会价值、生态价值三部分，进一步细分，农地价值是由传统方法估算的农地经济价格、农地社会保障价值、农地社会稳定价值、农地生态价值等构成。周建春

（2005）认为，耕地资源综合权利价格是由耕地所有权、使用权、发展权、承包经营权、租赁权价格五部分产权价格构成。李慧敏（2006）认为，农用地价格包括农用地自然质量价格、农用地社会价格、农用地生态环境价格评估三大类。农地自然质量价格可用传统方法估算；农用地社会价格包括农用地社会保障价与农用地社会稳定价两部分组成，前者由农用地社会养老保障价、就业保障价、医疗保障价格以及财产继承功能价格等组成，后者由新垦土地开发费用以及土壤经济肥力形成投入费用组成；农用地生态环境价格可由 CVM、TCM 等估算。刘慧芳（2000）认为农地转用价格应包括农地质量价格和农地社会价值量值，其中，农地社会价值包括农地对农地所具有的社会保障价值和农地为社会提供粮食安全所具有的社会稳定价值。王引子（2006）认为，征地价格包括土地所有权价格（根据转用后土地的市场价格来确定）、生态服务价值、社会保障价值、社会稳定价值、选择价值、存在价值与馈赠价值五部分组成。李金昌（1999）认为，农地价值包括有形的资源价值与无形的生态价值两部分内容。董普（2005）用两种方法来估算规划区内农地价格，一种是利用农地质量价格与农地社会价值加和的方法确定农地价格，农地质量价格可通过收益还原法等测算，而农地社会价值量化主要通过对农地的社会保障价值与农地稳定价值进行量化；另一种方法就是采用与城镇地价接轨的方式，用城镇的不同用途末级地价扣除正常开发成本及有关专业费用、利息、利润和税收等，其余额作为农用地转用的定价标准。蔡银莺（2007）认为，农地价值分为农地市场价值与农地非市场价值两部分，农地市场价值用收益还原法测算，而农地非市场价值则由 CVM 或 TCM 进行估算。张效军（2006）认为，耕地价值包括耕地的商品经济价值、生态环境价值以及包括农民就业保障价值、粮食安全价值、耕地发展权价值等在内的耕地社会价值几部分组成，可分别选用一定指标进行估算。Pearce（1990）认为，将农地价值分为农地直接使用价值、间接使用价值、选择价值与存在价值四个构成要素进行估价。Gowdy（1997）认为，农地价值分为农地市场价值与农地非市场价值两部分。Turner（1991）认为，农地价值包括使用价值与非使用价值，前者包括间接使用价值、间接利用价值以及选择价值，后者包括存在价值与馈赠价值。

与国外相比，我国学者广泛研究了基于农地价值构成理论的农地估价方法，也取得了一些丰硕的成果，在某种程度上细化了这类估价方法，并基本认同农地经济产出价值是农地总价值中重要组成部分这一结论。这类农地价值评估方法具有简单明了、便于运用等优势，但仍存在着诸如各种价值划分体系是否合理、划分后的各部分价值之间是否会有重叠、哪种价值划分体系更科学、该如何对比检验计算结果等问题，而以上问题的存在将使人们对采用该类方法准确估价的效果产生怀疑，这些都值得我们进一步商榷。

（三）对农地状况或农地价格影响因素的分析

吕萍（2004）通过建立一个城市发展对土地的需求模型，主要反映城乡接合部的土地市场供需状况，并利用模型来实现分析和确定农地转用价格，购买者根据自己的期望出价，如果他们对土地的价值期望大于对土地所有者的期望，那么交易就得到实现。所以对于确定的土地供给来说，土地交易的情况是由需求决定的。则每宗土地的单位价格就是地块面积、地块距城市中心距离、距进入主要城市的高速路的距离、区位、区划或土地管制政策、财产税收制度以及其他因素等的函数。国内很少见采用特征价值法等估算农地价值的研究，多是采用该方法对住宅、城市地价等非农用地进行估价（顾朝林，1997；吴启焰，1999；马思新，2003；周刚华，2004；何剑华，2004；周华，2005；赵亮，2008）。

Henneberry（1990）研究政府分区对农地乃至农地价格所产生的影响，并认为分区规划不同程度地改变了农地的特性，如发展潜力、外部性、确定性预期等，最终会对农地价格结果产生不同程度的影响。David（2002）采用 Hedonic 价值模型研究美国 Marin 县 CA 地区可开发土地的价格，并认为农地地价受到宗地面积（尺寸）、宗地高程、宗地坡度、原有农作物生长天数、地块到达 Marin 县的时间、农地类型（按照各地土壤质量从高到低分为四类）；单独对土地开发价值产生影响的因素是作为虚拟变量的分区种类（多样化农业、粗放农业、农村居住、集约农业四类型）等变量的影响，并对价格取对数与各变量之间建立了一定函数关系。Willis（1986）建立模型研究城市边缘农地质量和其价格的关系，自变量主要包括：农业的土地生产力、农产品的价格、非农业因素、利率等。Hass（1922）首次使用 Hedonic 法来评价农地的价格，并认为单位面积农地价格是每年平均单位面积土地上建筑物的折旧后净值、土地等级指数、土地生产力指数、农地到中心城区（如市场）的距离等变量的线性函数。Peter（1999）也采用 Hedonic 方法估价，并在模型中使用价格的对数模型来解决非线性价格对参数估计所带来的影响，自变量包括每年平均单位面积土地上建筑物的折旧后净值、土地等级指数、土地生产力指数、农地到中心城区（如市场）的距离、时间（Y）、道路（R）、城市规模（T）等变量。Shonkwiler 于 1986 年建立一个 Hedonic 模型来评估可转化为其他用途的农地价格。该方法的特点在于自变量的选择，文中作者选择的自变量很多为虚拟变量，如农地以后用途为商业（如地块具有潜在商业用途则取值为 1，否则为 0）、以后用途为住宅（地块具有潜在的住宅用途，则值取 1）、土地耕种率、销售的月份（连续时间变量）、地块到城市中心的距离、地块面积等。David（2004）也使用 Hedonic 模型分析内布拉斯加州 Saunders 县的农地价格。模型中的解释变量为地块位置（从地块到林肯郡和奥马哈城市中心交通距离的平均值）、灌溉状况、可耕种性和地块大小。Tomislav（2000）研究了国家环境保护政策对农地价格所产生的影响，文中采用线性函数来测算，自变量为土地面积、地块农业收入、磷肥量、政府环保政策等虚拟变量。Andrew（2001）研究某地点某时间单位面积平均可开发农地价值的估算，并认为农地地价与单位面积每年平均纯收益、最近市区的人口变化、从该地到达市地理中心的旅行时间、距离第二近的市中心人口变化、距第二近的市中心的时间等变量之间存在一定非线性函数关系。

通过对农地状况或农地价格影响因素进行分析来定价是国外当前农地价格估算中的一种重要方法，多采用 Hedonic 模型以及其他模型，从被评估地块特征出发，选择影响农地价格的因素，调研数据进行统计分析确定模型形式。该方法估算结果较准确，运用灵活，既能计算单个地点农地价格，又能得到整片地区多点地价水平，与 GIS 信息系统等结合将使该估价方法得到改进；但采用这类方法估价时对数据要求较高，并且，影响因素（自变量）选择合适与否将最终对估价结果产生较大的影响。此外，从国内外已有研究可以看出，国内很少有用该方法定量估算农地价值，而且农地交易价格数据等收集困难将极大地制约当前对该方法的选用。随着今后我国农地产权市场的逐步建立与社会主义市场经济的不断发展，这类方法必将得到逐步完善与推广。

总而言之，尽管当前学者有从其他方面如用数学模型、信息系统等估算农地价值（Bastian，2002；李慧敏，2006），但国内外对农地价值估算方面的研究还是主要集中在以下三个方面：第一，以资产定价理论为基础；第二，以农地价值构成理论为基础；第三，以对农地状况或农地价格影响因素的分析为基础进行估价。研究中发现，农地估价实证研究在很大程度上要受到数据可得性的影响，而我国当前社会主义市场经济体制还不完善，依靠大量农地市场价格数据进行农地估价是不太现实的，前两种方法操作性、准确性又都不够；因此，为了更准确估算可开发农地的价值就必须要拓展农地估价理论的研究范围，考虑到农地具有公共品性质，可采用诸如意愿调查法等对农地估价理论与方法进行创新（程文仕，2006），开展进一步研究。

二 土地价值管制

史普博认为，一个具备普遍意义的可有效运用的管制定义仍未出现①。当前国内具体谈论土地价值管制方面的研究不多，只有很少学者定性分析了土地用途管制、产权限制等方面内容，相比较而言，国外研究政府分区或法律法规对土地价值限制或影响等方面的文献较丰富，值得我们充分分析总结，以下简单地介绍国内外相关内容，为进

---

① ［美］丹尼尔·F.史普博：《管制与市场》，余晖等译，上海人民出版社 2003 年版。

一步研究奠定基础。

国内有关土地价值管制效果评判方法方面的研究很薄弱，以土地作为政府管制对象的研究集中在 20 世纪 70 年代以后，多是研究城市用地价值的变化，定量研究更显缺乏。孟星（2005）总结国内外关于管制的研究后将其定义为以法规为依据基于市场失灵的政府干预行为，作者较系统地总结四种变通方法来评价管制的收益：计算消费者剩余和生产者剩余变化的方法、推断居民在其他方面行为来估算、计算生命价值的方法以及成本收益法等方法，并认为采用成本收益法可以很好地研究政府管制城市土地的效果。中国台湾的胡海丰（2002）从个体的角度出发，探讨容积率限制对宗地地价的影响，而不是如一些研究从总体的观点出发，探讨容积率管制对整个区域地价的影响，他的观点提供了土地管制影响的一种微观且动态的看法，对于经济正处于快速发展中的地区具有启示作用。

国外有不少学者研究了分区或其他管制对土地或房地产价值影响方面的内容，很大一部分关注于城市规模、发展模式、住房价格以及土地价值等方面的理论或实证研究，多数都认为管制导致了更高的住房价格，还应充分考虑分区或相关法律法规对区域内土地价值或土地所有者所造成的影响，并应采取一定措施进行弥补。Pasha（1996）与 Brueckner（1990）分别采取了半开放城市空间下一般均衡模型与动态开放城市下农地转用模型分析了经济发展过程中分区对不同区位农地价值的影响；Henneberry（1990）认为，控制农村地区非农开发数量和区位的纯农业区划能限制开发、严格执行并不同于传统农村区划。作者采用回归分析研究了纯农业区划的价格效应，结果表明，分区的土地价格效应分析应采用能区分正负价格效应并依据宗地特征的方法论。Thorson（1996）假设分区法规的限制性将随着城镇的垄断管理权而变动，研究了分区对住房价格产生的影响效果。存在更多垄断管理权的城镇或实行分区管辖的城区更可能比较为分散的城区有更高的住房价格。Beaton（1991）研究了新泽西 Pinelands 保护法案对房地产价值的影响。分析认为，一直到采用土地使用控制时空置土地的价值都在增加，采取用地控制后在限制最严格地区的空置土地价值开始下降。Cordes（1997）研究发现，一些州县可制定产权保护法律法规，提供更直接的财政支持去补偿那些产权因分区管制而受到影响的土地所有者，如佛罗里达州、田纳西州等。Anil（2001）认为，分区能有效克服商业、制造业等带来的负外部性。城市分区限制能显著增加现有住宅价格，限制性的农业分区能够增加农地价值，而如果采取更严格的分区，欠开发土地的价值则会降低。Guidry（1999）分析了土地使用控制和自然限制对居住用地价格的影响，认为自然、人为限制能导致土地供给减少进而促使土地价格显著增加。Thorson（1994）研究了分区改变对当地土地市场的显著影响。他认为，刚分区的几年内，一个价格相对高的居住用地会增加一块宗地分区后划归居住用地的可能性，然而，一些年份以后，一个相对较高居住用地价格会减少一块宗地分区被划归居住用地的可能性。保护性地役权对农业产权以及其他欠开发产权价值的影响分析表明，产权价值将根据所有者是否拥有或者能在产权上建造一个家庭而变动，禁止完全开发的地役权限制能和较低的产权价值相联系起来①。Kathryn（2005）认为，地役权限制对产权价值并没有统计上的显著的不良影响。Lawrence（2003）认为，分区会导致区域内农民土地价值损失，需要政府提供财政补偿或建设投资，对于农地保护来讲，农地分区似乎只是法律上可接受而实际上并未能充分加以利用的工具。

根据以上有关土地价值受限方面的研究，国外很多学者通过设计理论模型、数理统计分析以及政府分区或法规所带来的成本效益对比等多种方法来评判分区对农地价值的管制效果，多数都是定性分析，直接对政府管制下土地价值管制程度等方面的研究不多；国内关于完整、系统地定量分析农地价值受限方面的研究则近乎空白，可依据的分析方法更少，且多数是研究我国当前法律、土地制度等方面的。因此，需要深入探讨适合我国国情的土（农）地价值受限程度测算方法。

---

① Property Values and Oregon Measure 37: Exposing the False Premise of Regulation's Harm to Landowners, Georgetown Environmental Law & Policy Institute Georgetown University Law Center, 2007.

三　土地发展权配置与流转

(一) 种类划分

根据不同的划分方式，土地发展权配置与流转的种类也就不尽相同。孙弘（2004）认为，土地发展权初始配置归国家所有，土地发展权配置包括市场配置与政府配置，两者相互补充，地块的具体土地发展权的设定属于行政配置，土地发展权出让、转让为同属于稀缺资源的土地开发条件（要求）的配置引进了市场机制，同时，土地发展权转让是土地发展权市场配置的主要方式和过程。张友安（2005）认为，国内外学者研究发展权时多注意了对土地地表用途专用权和空间发展权研究及实践，忽略了跨区域土地发展权配置与流转研究。并认为国家是土地发展权配置与流转管理的主体，土地发展权配置包括总量配置、结构配置、地域配置、时序配置等。臧俊梅（2008）重点探讨了农地发展权的配置方式即行政配置方式和市场配置方式，并对这两种配置方式下的农地发展权配置内容与流转机制进行了详细研究。美国土地发展权归土地所有者拥有，有两种运行制度：一是土地发展权移转（简称 TDR）；二是土地发展权征购（简称 PDR）。

(二) 机制构建或运作

张安录（2000）提出，在城乡生态经济交错区设置土地的可转移发展权，并通过市场交易，使之既能控制农地城市流转，又能兼顾农地保护的公平与效率。张友安（2005）认为土地发展权分别在宏观、中观和微观三层次以一、二、三级土地发展权形式配置和流转。提出了政治促进型、市场促进型和混合型三种流转促进模式，尝试构建了一套基于我国国情的土地发展权配置与流转市场运行机制。刘明明（2007）认为，发展权市场主体（限制发展地区和可发展地区的土地所有者）要相互毗邻。在发展权市场难以建立的情况下，就需要国家购买发展权保护生态与古迹等。王丽芳（2007）规划可开发地区的土地发展权和土地保护地区的虚拟发展权，这两种发展权颁发发展权证在市场上交流，采取政府规划控制与市场机制两者相结合的方法进行配置。廖喜生（2007）在待转用农田上设立实体发展权，开发时机由其所有者确定,在开发之前,必须向规划部门申请才能转用。在基本农田上设立虚拟发展权,可转让发展权,但是不能将农用地进行用途转换。杨成余(2006)认为以农村集体经济组织作为农地发展权主体,可在城镇化建设或者经济开发过程中推行市场化控制模式,构建农地发展权市场配置模式。刘新平(2004)认为要划分禁止区或发展权转让区,其他地区开发时,自身所能开发的权利达不到规划限度时,必须从禁止开发区域的土地使用者手中购买开发权才能继续开发。汪辉(2009)详细介绍和总结了浙江省在土地发展权转移和交易两个维度进行的土地计划管理政策改革的系统性尝试。并且提出一个完善当前已实现的土地发展权转移和交易的"浙江模式"。丁丽丽(2009)按照市场原则建立起农地发展权一、二级市场并分析农地发展权市场运行机制,探讨农地发展权市场主体、农地发展权价格和农地发展权的市场配置等因素。臧俊梅(2008)构建以行政配置为主的国家层面和省区层面以及以市场配置为主的地方层面进行的农地发展权配置和流转,三个层面有机连接,形成农地发展权配置与流转体系。沈海虹(2006)借鉴美国发展权转移制度,提出在我国文化遗产保护领域中实行发展权转移,构建发展权转移市场,政府在其中发挥监督与规划平衡作用,实行就近转移,统筹整个区域异地补偿,实现历史遗产保护的发展权转移。

在美国,政府也参与发展权转移,参与手段是经济手段。土地发展权转移由土地使用受限制的土地所有者将其土地上的土地发展权转让给受让人,土地发展权受让人因此获得土地发展权并支付金额。1961年,美国学者杰拉尔德·劳埃德首先提出土地发展权移转的思路。1968年美国纽约市的《界标保护法》第一次规定了土地发展权移转(刘国臻,2007)。法国的开发权转让是将超出限制的发展权(容积率)转移出去,接受区所有者则要通过转让从转出区内所有者手中购买开发权,达到许可就可以建设。Patricia(2006)认为,TDR基本要素包括发展权释放区、发展权接受区、发展权计算与配置以及发展权转移四个部分,有自上而下法(top-down)及自下而上法(bottom-up)两种方法计算转移发展权,前者先确定下社区未来发展的数量，然后定义全社区所配置的发展权；后者分配每一个权利，未来发展总数量由所有得到的产权量来决定。Leslie（1976）认为，伴随着稳定的农地发展权价格，只有当宗地间发展权的初始配置与 TDR 项目的宗地"补偿价值"成一定比例时，公平补偿才可能发生；要将不同比例的农地发展权价值配置给各土地所有者。Cynthia（2001）认为，城市化地区政府机构采用可转移发展权和可购买发展权项目去保护农地发展当地农地经济。Kenneth（2004）探讨了可转移发展权制度和森林保护之间的关系，该制度提供了一种最小的有关森林保护项目机会成本的方法。

当前国内外研究土地发展权配置与流转机制构建时多数都认为需要政府的介入，土地发展权配置与流转机制需要有一套完整的运行程序，相比较而言，国外土地发展权配置与流转制度更倾向于发挥市场机制作用，其发展权流转或配置机制具有较强的规范性、适应性与针对性；国内发展权配置与流转制度构建更注重政府与市场的双重构建，但缺乏整体上的可操作性与变动性；这就需要今后研究中必须明确不同区域具有不同的发展权配置特点，并在今后构建发展权流转及补偿机制时充分发挥政府配置、市场流转的优势，使补偿机制既规范、科学，又具体、可行，避免在构建机制时存在不足，以增强运行效果。

（三）运作效果

郭湘闽（2007）认为，要将发展权模式与规划相结合，构建一套转移容积率的发展权配置交易模式，从而既能充分发挥产权明晰所带来的激励功效，又能实现政府调控下的土地收益合理配置，改善目前城市拆迁补偿过程中各群体间利益分配不均等状况。张良悦（2008）研究了基于农地保护的政策工具——土地发展权及其交易，引入经济利益的因素和市场化的运作方式，借鉴土地发展权政策工具的理念和操作方式对我国农地利用、保护中出现的问题加以研究和解决。洪辉（2008）探讨了主体功能区农地发展权转移与耕地保护之间的关系，并就可转移发展权对主体功能区的耕地保护做了必要性分析。Richard（1975）探讨了私有市场的 TDR 项目的关键要素，这些要素将最终决定项目成败。这些关键要素涉及 TDR 项目的分配配置成本，私有土地公私产权分配配置中潜在的变化以及在 TDR 项目管理中出现的问题。Richard（1977）认为，对政府来讲可转移发展权的成本似乎是零（在忽略管理成本时），因此可转移发展权对很多规划者和当地政府来讲都是有吸引力的。Thomas（2001）认为，一个发展权购买项目也可以把部分产权税收负担从保护土地所有者那里转移到未保护土地所有者那里，例如居住、商业以及工业用途。Barrese（1983）检验了在实施 TDR 项目中的公平和效率问题。Barrows（1975）认为，TDR 的概念能让人有希望，是由于它有助于解读导致分区低效率尴尬状况。Daniels（1991）认为，大多数 PDR 项目的重要目标就是在一些特定区域保护足够农田（临界数量）。Veseth（1979）认为，农（土）地发展权转让系统的运作能实现以下两个目标：将土地开发从保护区域转向需要对土地进行集约利用的其他区域，通过出售保护区内由于对土地使用的限制而对所有者造成未来收入丧失的土地发展权进行补偿，该方式管理成本极小。因此，国内外土地发展权配置与流转运作要求今后发展权配置与流转机制设计中需更加关注整个机制中的要素情况，减少其运行成本、提高实施效率、保护农地资源、更好地协调不同区域、不同主体之间的发展权利益分配问题。但现实中怎样实现上述目标等还需要继续深入研究。

四　农地发展权补偿研究

（一）补偿实质

周建春（2005）认为，在国家征用农地并转为建设用地时，或划定为基本农田，永远不得转变用途时，农民就需要得到补偿。这一补偿，是对农民集体失去将土地自行转为建设用地并取得相应土地增值权利的补偿。事实上，我国政府在征地或划定基本农田时对农民进行土地发展权补偿，与美国的一些州政府的购买农地发展权的本质相同。刘永湘（2003）认为，农用地转用后，农民的土地发展权在经济上的实现就是对农民的劳动权和经常收益权的一种补偿。张良悦（2007）将土地发展权价值通过土地征用转换为失地农民的发展基金，能够较好地从能力再造方面补偿失地农民所失去的资源禀赋。Amartya Sen 创造性地提出了"功能—能力理论"与"部分序数理论"，形成了新的福利判断标准。他引用"功能"的概念作为衡量福利的标准，按照其理论分析框架，征地或分区下农地发展权补偿应该是从"功能"方面对农民集体进行补偿。从以上国内外学者研究可以看出，农地发展权补偿就是对农民集体自身权益的补偿，是对其自身生存、发展能力的补偿，但这些分析对于该设计怎样的发展权补偿框架、如何在"能力再造"方面具体补偿农民集体等研究仍显欠缺。

（二）补偿标准

周建春（2005）认为，农地发展权价值是假设农业生产处在正常生产条件下能获得正常的社会投资平均利润时，因失去将农地改为建设用地的权利而应得到的补偿，这才是农地发展权的补偿价值。黄祖辉（2002）探讨了非公共利益性质的征地行为与土地发展权补偿情况，非公共利益性质的征地活动剥夺了集体土地所有者的土地发展权，只有农地用于住宅的纯收益折现值才是应给予集体的发展权补偿，至于商业和住宅业之间纯收益差价的折现值不用补偿（是政府行使警察权的结果）。刘明明（2007）认为，如果赋予农民土地发展权，土地征用补偿就应以市场价格为标准，而不是现在的以农业用地的年产值为标准，从而使农民可以分享城市化进程带来的利益。

英国土地发展权运作中，地方规划机关会对修改开发许可的土地所有权人或土地开发者遭受的损失给予补偿，损失主要包括土地权益价值损失、工程花费、由于开发许可变更造成的损失或损害，是对开发许可之前使用造成不便的补偿。Ron（2005）认为，政府征地时候任何总的补偿，甚至包括零补偿都应是社会最优补偿量，在多数情况下一个有效的补偿额必须反映市场价值。该最优补偿量将依赖于市场价值，最终应达到社会福利最大化。当政府支持不同对象（Logger or Campers）时，补偿额对应数量也不同。如果政府只关注发展受益者（camper）的福利，最优的补偿原则就将依赖于市场价值。如果政府只关注产权所有者（logger）的福利，那么最优补偿将等于预期可选择私有（private）价值或者市场价值。Jason（2007）认为，在信息非对称及外部性内在化情况下，占用发展权应给予土地所有者完全数量的正外部性补偿，该补偿依赖于土地的私有市场价值。Andrew（2001）认为，为了使土地所有者摒弃未来发展权，必须给予土地所有者补偿这片宗地最大化价值与欠发展的农业用途价值之间的差额。Richard（1977）探讨了不同大小的开发区、保护区对区域内农地价值补偿数额大小的影响，在发展区，低的发展要求必然意味着需要较少的补偿。只有建立在对所有社会受益和损失分析的基础上，农地价值补偿及社会最优的土地利用设计才是正确的。Leslie（1976，1980）认为，价格稳定性对于公平补偿来说是一个必要条件。伴随着稳定的发展权价格，只有当宗地之间发展权的初始配置与倡导 TDR 项目的宗地"补偿价值"呈一定比例时，公平补偿才可能发生。Peter（1978）认为，分区下土地用途限制的补偿将处一个"公平"水平上，发展权补偿额要少于它最高最佳使用价值，将会更接近于它公平市场价值。James（1983）研究了操作 TDR 计划时对效率和公平的考虑。结果表明，如果我们能确保补偿总数是准确度量土地利用变化中的总体社会成本，我们就能够说这变化代表了一个潜在的帕累托改进。然而，在 TDR 中，这种确切关系并不存在。同时，文章也研究了在保护区（preservation area）、流转区（transfer area）之间，如果超出开发限制时候应该补偿的对象与补偿标准。Blondel（2006）认为，有两种标准来补偿农民放弃的农地发展权：第一种方式就是付市场发展价值和农业价值之间的差额金；另外就是付费少于发展价值和农业价值之间的差额金。

价值判断不同，农地发展权补偿标准也就不同。国内发展权补偿标准比较倾向于偿付农地发展权市场价值，而国外农地发展权补偿多是在征地或分区情况下发生的，补偿标准主要有发展权市场价值、考虑外部性的发展权价值等，这为我们进一步深入研究提供了参考。此外，国外农地发展权补偿标准并不统一，这些也仅在理论上进行分析，现实操作中多数都还是通过发展权交易市场（农地发展权银行）等实现补偿，补偿标准也对应于农地发展权市场价格。总之，国内目前在农地发展权补偿标准方面研究还比较薄弱，因此，结合我国当前国情，尝试科学合理地设计出满足现实需要的农地发展权市场价值补偿标准将是十分必要和有意义的。

（三）补偿方式

刘明明（2007）认为，通过土地发展权移转制度（TDR）可以利用市场机制实现对受限制区域权利主体的补偿，从而即免除了政府对受限制区域的补偿。王小映（2003）认为，允许规划待转用的集体土地按照政府的土地供应计划直接进入建设用地市场，从而以土地发展权转让的方式实现经营性目的的农地转用和土地转移，这样做，可以运用市场机制对农民的土地承包经营权和农民劳动就业进行直接补偿。黄祖辉（2002）认为应严格将征地范围限定于公共利益目的，非公共利益性质的用地交易，交由市场机制来加以解决，或者在不改变现行有关土地征用的法律框架下，区别公共利益目的和非公共利益目的两种不同性质的征地行为，设定土地发展权，对于非公共利益性质的征地项目，在补偿内容中增加土地发展权补偿一项。邹秀清（2006）指出，市场经济中理论最优补偿标准的近似评估价值以何种方式赋予农民可转移农地发展权，理论上有两种不同观点：一是农地私有化；二是在保持集体所有制的前提下，明确可转移农地发展权为农民所有；尽管法律没有赋予农民可转移农地发展权，但是，通过价格机制的作用，农民实际上已经"享有"了可转移农地发展权的价值。刘永湘（2003）在考虑农民集体土地发展权问题时，政府必须重视土地发展权的转换。例如，对土地改变用途后的涨价部分，政府应将部分土地收益纳入农民社会保险基金以保障失地农民的基本生活需要。

美国实行国家购买土地发展权的做法，即主要是通过市场机制补偿限制发展地区的土地所有者，减轻了政府的财政负担。Richard（1975）认为，分区下采取农地发展权转移的发展权市场必须以合理方式运转来保证受限所有者得到补偿，避免分区所造成的"暴利"与"暴损"。必须购买保护区内的农地发展权以便于进行发展权补偿。Jared（1972）指出，规划中被控制的土地发展权所有者以现金或可转移发展权形式以及通过产权税收减少来获得补偿。发展权补偿标准在土地的完整产权价值与被限制用途下产权价值之间。Thorsnes（1999）认为，传统分区政策不能满足对日益增长的开放空间的需求，市场发展权（MDR）通过市场来配置土地。如果发展权市场配置土地有效率，那些选择保护土地的农民就能通过所得到的总的资金支付量得到补偿。市场发展权（MDR）减少了讨价还价的交易费用，提高了市场配置效率。

当前国内外学者在研究农地发展权补偿方式时多数选择通过土地发展权移转制度，利用市场机制直接对受限制主体补偿，该方式具有成本低、效率高、灵活性强、补偿效果明显等特点；但当前我国并未设置农地发展权，尽管在有些地方、有些方面采取了类似农地发展权交易的市场流转模式，但在整体来讲还并不具有代表性，只是个别地方的一些有益探索，在相当长一段时间内，我国都将实行由政府补偿占主导的发展权补偿模式，通过对农地增值收益分配进行调节等方式实现。在我国当前法律制度和土地产权体系基本保持不变的情况，如何创新农地发展权补偿模式，充分发挥政府与市场的双重作用，增强发展权补偿方式的实施效果，实现国家及社会长远发展目标等将值得我们进一步关注。

五　主体功能分区下的补偿

国外主体功能区内落后区域（欠发达区域）的政策安排[①]是注重环境保护，由于区域环境脆弱，在开发时要划定保护区；当地居民特别是少数民族具有独特的传统文化和生活方式，需要用特殊措施保护传统文化中有价值的部分。比如，瑞典、挪威、芬兰的区域政策保护拉普人的利益，包括通过拨款、社会保险支付、允许携牲畜自由跨越边界等措施保护其传统经济，政府还划定单独的拉普人活动地区等。我国浙江、江苏、四川、湖北、青海等省也已开始启动主体功能分区生态补偿，但各地都具有不同的分区原则与运行程序。

---

①《国外有关主体功能区划分及分类政策的研究与启示》，2007 年 2 月 6 日，中国发展观察（http：//news. xinhuanet. com/theory/2007 – 02/06/content_ 5702060_ 2. htm）。

（一）补偿内容

高国力（2008）讨论了我国限制、禁止开发区域的利益补偿研究，此处的利益是指以生态利益为主体的综合利益。统筹了利益补偿的重点和领域，科学划分利益补偿的阶段和步骤，建立健全生态补偿机制，调整完善财政转移支付制度。刘通（2008）研究了受益主体不明确的禁止开发区域利益补偿问题，主要补偿禁止区内维护生态功能的各项补偿支出以及对政府提供基本公共服务、满足群众基本生产生活需要的各项支出两个类型。在不同的阶段，利益补偿的方式、重点和标准是不同的。贾若祥（2007）研究了限制开发区域的利益补偿机制建立等方面内容，分析了限制开发区域利益补偿的特征和差异，明确了限制开发区域利益补偿机制建立的重点，补偿标准是要结合限制开发区域当地的经济发展水平，适当提高补偿标准，使补偿基本能弥补因生态建设而造成的损失，应该是包含生态、经济补偿等在内的综合补偿。

贺思源（2006）与孟召宜（2008）构建了主体功能分区下生态补偿制度，认为主体功能区生态补偿是一种区别于传统生态补偿的新型生态补偿方式，是对各种经济活动所造成的生态破坏进行修复补偿，对污染的环境进行治理，并构建了主体功能区划背景下生态补偿制度。高国力（2006）认为，要做好限制、禁止开发区农地发展权价值补偿研究，要正确区分优化、限制和禁止开发区域农地发展权的标准和市场价值差异①，我国的主体功能区划可以考虑借鉴美国农地发展权转移的理念和方法，原有的超出限定标准的容积和建筑指标可以通过市场交易的方法转移到其他区域，引入市场机制促进主体功能区划的落实，开发过渡区域可以用资金购买欠开发区域的发展权。单新国（2006）认为，现在中央对限制、禁止开发区区域内生态保护区实行财政转移，逐步建立生态补偿。但是，生态补偿应等于或高于土地原有使用的收益，如此才能停止农民的开发冲动，否则国家目标

---

① 《美国区域和城市规划及管理的做法和对我国开展主体功能区划的启示》，2007 年 6 月 13 日，陕西省发改委网站（http：//www.sndrc.gov.cn/view.jsp？ID＝5479）。

将会落空，所以，土地规划中一定要引入土地发展权，对农民的土地发展权予以合理补偿。

主体功能分区是我国首次提出的区域划分，主体功能区被补偿区域基本都在限制、禁止开发区内，主要有生态补偿、综合利益补偿以及农地发展权价值补偿等方面内容，这是基于主体功能区规划对区域内自然或经济因素的影响等分析而得到的，能为主体功能区相关政策制定提供参考；当前学界对主体功能区补偿方面的研究刚刚起步，尚存在很多不准确、不具体的领域值得探索，对于设计基于不同补偿内容而形成的具有差异性的主体功能区补偿标准，对比分析各种补偿标准之间的区别和联系，确定出各种补偿最佳的补偿标准，确定补偿标准后具体的现实意义等相关问题都鲜有研究。

（二）补偿机制建设

刘玉（2007）认为涉及两层次的补偿：由企业或通过市场对宏观层面上资源开发、生态损失进行补偿，由优化开发区和重点开发区对限制开发区和禁止开发区进行补偿。陈秀山（2006）认为，补偿不局限于财政转移支付和专项基金，结合市场化生态补偿模式和区域统筹生态补偿方式的综合生态补偿机制。朱传耿（2007）认为，应协调地域毗邻的不同主体功能区之间的关系，通过上级政府借助财政转移支付和生态建设投资这样的垂直补偿以及区域之间谈判确立的水平补偿机制来实现等。王梦炜（2007）认为，要推出纵横结合的针对主体功能区的转移支付框架，在四类主体功能区之间建立起横向的生态财富补偿机制。刘国才（2007）认为，主体功能区下流域内各行政单元因辖区内生态敏感区保护而要求的生态补偿由流域各单元共同的上一级政府统筹协调解决，可建立完善的公共财政生态补偿政策、各行政单元之间的统筹补偿政策、推进生态补偿市场化的政策①。王健（2007）认为应创新限制、禁止开发区生态补偿机制的管理体制，分步建立生态补偿长效机制，完善中央、横向财政转移支付制度，要制定出有差别的区域生态补

---

① 《流域经济要与环境保护协调发展》，2007 年 4 月 13 日（http：//www. cenews. com. cn/historynews/06_ 07/200712/t20071229_ 36265. html）。

偿标准，对环境友好、有利于生态环境恢复的生产生活方式给予税收上的优惠，复合行政、整合区域间行政管理机构，在有数量补偿的基础上提高生态补偿质量①。高国力（2008）认为，要借鉴国际上比较成熟的经济模式和做法，积极探索试行可配额的市场交易模式，配额生物多样性保护和湿地保护交易机制等；将生态服务这一补偿标准转化为可计量、分割的交易单位，并建立相应的市场交易规则，从而健全功能分区下生态补偿机制。

主体功能区补偿机制主要有政府主导的上下级转移支付、横向转移支付以及功能区之间的横向谈判交易机制两部分内容，这两者都具有一定优势。政府主导下的主体功能区补偿机制具有简单、直接、效果明显、可操作性强等特点；功能区之间的横向谈判补偿机制具有更广阔的发展空间，补偿内容主要有生态服务价值与农地发展权价值等，但这些补偿多数都还处于理论构想阶段。总之，构建补偿机制需要明确补偿主体、补偿对象、补偿内容以及补偿标准等相关内容，要对主体功能区下各种补偿制度和长效保障机制等进行深入探讨。

第四节　研究思路、方法及可能的创新

一　研究思路与技术路线

我国政府首次提出的主体功能分区与国内日益增多的农地发展权研究为人们从事实践操作与理论创新提供了丰富的素材，从现有研究文献来看，有学者从现实操作与制度设计等方面论述如何保障主体功能分区规划顺利实施，有学者从产权完善与价值补偿等方面探讨怎样构建农地发展权理论分析框架，但将这两者结合起来进行经济研究及制度分析方面的研究很少，本书正是以此为切入点在对国内外相关研究进行评述的基础上尝试进行研究，基本思路概述如下：本书从农地

---

① 《我国生态补偿机制的现状及管理体制创新》，2007年12月11日，中国行政管理网（http：//theory.people.com.cn/GB/49150/49152/6638809.html）。

发展权制度设计入手，明确农地发展权内涵、发展权设置、与其他产权关系等，论述了农地发展权归属及其意义。根据所总结的农地发展权估价基本方法，采用意愿调查法对湖北省两个典型调查区中的可开发农地价格进行定量分析，进而求出不同区域内农地发展权价格。由于本书主要研究的是同一层级的主体功能区，因此将要讨论的农地发展受限、农地发展权补偿标准都是横向意义上的；然后，根据资产定价理论建立功能区农地发展受限程度模型，并以此为基础构建限制、禁止开发区农地发展权价值补偿模型，结合实证研究和规范研究找出受限功能区内利益主体所遭受的农地开发价值损失并计算出相应的补偿额，设计一套基于主体功能分区的农地发展权补偿机制，同时，提出弥补限制、禁止开发区农地产权人权益损失的政策措施和建议，最终促进主体功能分区规划顺利实施，推动整个社会协调、可持续发展。文章研究的技术路线见图 1-1：

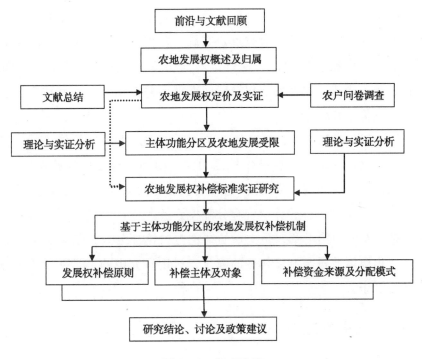

图 1-1　技术路线

二   研究内容

第一部分包括第一、二章，是本书的绪论和农地发展权制度设计部分。介绍了本书选题的背景、本书研究的目的与意义、国内外研究进展评述、研究的思路、方法及可能的创新，阐述了农地发展权内涵并采用法学理论研究其归属，设计农地发展权制度，为进一步研究奠定基础。

第二部分包括第三、四、五章，是确定农地发展权补偿标准的部分。首先，是对农地发展权价格内涵及其主要估价方法进行总结，以宜昌、仙桃部分地区与荆门部分地区为样本区域，采用意愿调查法（CVM）分别对两区域可开发农地的价格进行定量研究，并以此为基础得到不同区域内对应的农地发展权价格；其次，在主体功能分区下农地发展受限内涵研究基础上，引入资产定价理论构建农地开发受限程度模型，并在前文实证研究的基础上分别估算限制、禁止开发区农地开发受限系数，为补偿研究奠定基础；再次，概括基于主体功能分区的农地发展权补偿内涵，探讨了不同角度下的农地发展权补偿标准；最后，构建了农地发展权补偿标准模型并依据以上研究估算出农地发展权价值补偿量。

第三部分为第六章，是主体功能分区下农地发展权补偿机制的形成部分。阐述农地发展权补偿机制内涵，明确农地发展权补偿原则、补偿主体与补偿对象，构建农地发展权补偿资金来源与政府主导补偿、市场补偿相结合的补偿资金分配模式。

第四部分为第七章，是文章的结论与讨论部分。总结全文主要观点，提出政策改进与制度构建的建议，讨论研究中的不足并对未来研究进行展望。

三   研究方法

（一）文献研究法

对国内外文献成果进行总结，查阅所有能收集到的国内外农地发展权文献近 200 篇，其中精读农地发展权定价及其运作方面的重要英文文献 40 篇，翻译并作出批注。对国内外所有能收集到的有关农（土）地价值受限测算方面的文献资料进行整理，重点挑选中文约 15 篇及英文文献约 30 篇进行对比与分析，以期找到最合理解决研究问题的方法；对所能找到的国内外有关农地估价及 CVM 运用、国内有关补偿机制及主体功能分区方面文献进行梳理与总结，全面了解西方关于农地发展权估价及运作、国内外有关农地价值管制、农地估价等方面的研究现状，借鉴国内涉及补偿机制构建等方面的研究，构建基于主体功能分区的农地发展权补偿研究框架。

（二）定性分析和定量分析相结合

定性描述方法是社会科学研究普遍采用的一般性方法，通常用于对事物的发生规律进行宏观的、概括的描述。定量分析方法则是准确、深入地揭示事物运动规律必须借助的方法。本书在对基于主体功能分区的农地发展权补偿机制概念的界定、农地发展受限内涵的确定、功能区的划分以及优化、重点开发区农地发展受限程度等方面都采用了定性描述方法，在对可开发农地、农地发展权定价、补偿标准估算等方面采用定量分析方法。

（三）规范研究和实证研究相结合方法

利用实证研究方法，对受访民众进行问卷调查，调查其对农地价值的支付和接受意愿，并进行受访者支付意愿的有效性检验，对各种影响农地支付意愿的因素进行分析，并确定出较科学的农地发展权补偿标准。结合实证研究，利用规范研究方法，构建出主体功能分区下农地发展权补偿机制，并提出与补偿机制相适合的政策措施。

（四）调查方法

本书研究涉及大量的数据，数据主要来源于实地入户调查获取第一手数据，问卷设计历时 5 个月，2007 年 10—11 月课题组在湖北省武汉市江夏、洪山区 6 个村 105 个农户进行预调查，其后完成了宜昌、仙桃、荆门市等地的大规模调查，共得到样本近 300 份。

四　可能的创新

（一）拓宽农地发展权研究，尝试构建基于主体功能分区的农地
发展权补偿机制的理论框架

国内关于农地发展权的研究主要集中于农地发展权的概念、归
属、设立必要性上，对于发展权价值实质、地表用途转用、改革征地
补偿制度等方面讨论较多，而在准确估算农地发展权价值，分析分区
规划下土地价值变化对各主体利益影响情况等方面的研究十分薄弱；
本书研究拓宽了农地发展权研究，尝试从农地发展权这个角度来解读
我国政府提出的主体功能分区规划，构建农地发展权制度来研究主体
功能区内外各主体之间的利益变化与补偿，在一定程度上弥补了已有
研究的不足，具有部分超前性、创新性，为后续相关的研究奠定了一
定基础。

主体功能区是由我国政府首先提出来的，目前我国主体功能分区
规划刚进入实际操作阶段，对分区下生态补偿政策、土地政策、财政
转移支付政策等研究较多，但对开发受限区域内农民的农地价值补偿
方面研究较少；同时，尽管近年来国内有关农地发展权方面研究日渐
增多，很多学者从不同角度设计出农地发展权制度来解决有关土地问
题，但将农地发展权价格变化与主体功能区规划结合起来的文献则鲜
见。本书希望能在这些方面做出部分创新，并以湖北宜昌、仙桃部分
地区与荆门部分地区为例，考虑将农地发展权引入我国，构建出一套
完整的主体功能分区下农地发展权补偿研究分析框架，补充主体功能
分区利益补偿机制等方面研究，试图解决国土空间规划与区域经济协
调发展问题，具有一定探索性质。

（二）完善农地发展权定价理论及方法，更为科学、准确地确定
农地发展权价值内涵，并将农地发展权定价转到重点估算可开发性农
地的价值上

本书回顾了国外关于农地发展权估价方面的文献，对国外农地发
展权估价方法进行了系统、全面的总结，并对各种估价方法的优缺点
进行详细评述，完善了农地发展权估价理论及方法。通过对比国内外

农地发展权价值内容，确定农地发展权价值是农地可开发转为不同用途带来增值收益的价值，在市场经济中，这种开发主要是指用于非农建设用地的最高用途开发，农地发展权价值可以通过农地最高（用途）回报价值与农地农业用途价值之差来衡量，这不同于当前国内多数学者所采用的以非农建设用地价格与农地经济产出价格之差进行估价的方法，可以更为科学、准确地衡量出农地发展权价值内涵。同时，考虑到农地经济产出价值相对容易测算，本书将农地发展权估价转化到重点估算可开发性农地价格上，并采用意愿调查法（CVM）对可开发农地价格进行了实证研究，最后得到了符合理论基础与现实状况的结果，国内目前未见农地发展权定价方面有此研究。

（三）引入资产定价理论建立了基于主体功能分区的农地发展受限模型，以此为基础设计出功能分区下农地发展权价值补偿模型，确定出差别化的补偿标准

国外很多学者都是通过理论模型、数理统计及成本效益分析等方法来评判分区对农地价值的管制效果，直接对政府管制下土地价值受管制程度等方面的研究不多，而国内关于完整、系统地定量分析农地价值受限方面的研究则近乎空白，可依据的分析方法很少，且多为定性的。本书考虑将"分区规划"作为重要的影响因子纳入农地价值形成过程中，通过主体功能分区下所实现的农地产权价值与正常情况下产权完整价值之间的比例来确定农地价值所受的限制程度，引入资产定价理论建立农地发展受限模型，并以此为基础构建了功能分区下农地发展权补偿模型，为主体功能分区下经济补偿标准的实证研究提供了较为重要的理论支撑；同时，本书分别测算出限制、禁止开发区内不同的农地发展权补偿标准，这区别于现有主体功能区补偿标准研究仅仅停留在定性分析层面、缺乏定量研究等现状，为以后同类研究的深入展开提供了分析问题的思路和方法，这也是一个创新。

第二章

农地发展权概述及归属

农地产权的内涵及其归属是农地产权制度构建所必须解决的核心问题之一。当前我国并未设置农地发展权,国内有关农地发展权基本理论问题的研究在许多重要方面上都没有达成一致。要研究基于主体功能分区的农地发展权补偿,必须先明确农地发展权的基本理论问题。国内外对农地发展权内涵及其归属的认识是什么,农地发展权是否就是土地发展权,农地发展权与其他土地产权的关系是怎样的,我国如何明确这些问题,明确后有何意义等都必须在本书研究开始之前进行重点阐述。本章重点分析有关农地发展权内涵、产权特性、设置的必要性与可能性、农地发展权归属及其意义等方面内容,从而为下文的进一步研究奠定基础。

第一节 农地发展权内涵及特征

一 农地发展权内涵

农地发展权(Land Development Rights)是西方土地产权制度研究中的重要内容,它最初源于采矿权可与土地所有权分离而单独出售。发展权观念的构想和移转发展权办法始于英国。20世纪30年代后期和40年代的初期,当时英国国会为了疏散工业及工业人口,对拥挤的都市地区进行再发展。同时为减少人口和工业遭受空中攻击的威胁等问题，创立了土地发展权移转的法律思想（王群，2005）。1947 年英国的《城乡规划法》规定，一切私有土地将来的发展权移归国家所有，以法律制度的形式建立了土地发展权制度。随后美国创建了分区制度及制定了《土地发展权转让授权法》，法国也创建了类似土地发展权的法定上限密度限制制度，但不同国家的具体制度设计差异较大。

20 世纪 90 年代末期以来，中国国内不少学者分别从法学、经济学、法经济学等角度在理论上对农（土）地发展权做了大量的研究和探讨（张安录，2000；万磊，2005；单新国，2006；潘善斌，2007；石强，2007；王海鸿，2007）。尽管我国目前的法律中并未设置农地发展权，但大部分学者承认土地发展权尤其是农地发展权客观存在（王万茂，2006）。

最早将土地发展权引入国内的文献要数原国家土地管理局 1992 年编制的《各国土地制度研究》一书（王海鸿，2007）。该书中定义土地发展权就是土地变更为不同性质使用之权，如农地变为城市建设用地，或者对土地原有的使用的集约度升高。土地所有权的范围是以现在已经依法取得的既有权利为限。至于此后变更土地使用类别的决定权则属于发展权。产权内涵是产权分析的基础，决定了其他相关分析的基础。国际上关于土地发展权的定义比较统一，是指对土地在利用上进行再发展的权利，包括在空间上向纵深方向发展、在使用时变更土地用途之权（季禾禾，2005；胡兰玲，2002），或者是土地成片开发中界定的改进土地利用条件，进行基础设施建设或提高基础设施等级活动的权利（王小映，2007）。

在美国与英国，土地发展权就是指农地发展权（刘国臻，2008）。Sarah[1]（1998）认为，土地发展权是一种可以从土地中分离并进行买卖的财产权，可通过发展权销售来获得经济利益，类似于排他性权利，包含于所有权之中。当前学者在研究农地发展权与土地发展权之

---

[1]　Sarah. J. Stevenson（1998），*Banking on TDRs: The Govenments Role as Banker of Transferable Developments*，New York L. R. October.

间关系时，主要有两种观点：认为农地发展权归属于土地发展权，是土地发展权的一部分（王万茂，2006；王海鸿，2007），也有人认为农地发展权就是土地发展权（黄祖辉，2002；王小映，2003；孙弘，2005；周建春，2007；刘国臻，2007）。我国土地管理法将土地主要分为农用地、建设用地及未利用地三大类，因此，从本质上讲，土地发展权应包括农地发展权，这两者之间差别很大；同时，也有学者研究农地发展权时涉及对市地发展权研究（汤志林，2006；王永莉，2007；臧俊梅，2007；郭湘闽，2007）。在研究农地发展权时离不开讨论市地发展权。市地发展权应是城镇建设用地具有改变现有用途、提高开发强度、提高容积率等带来增值收益的权利，市地发展权在法律、法规上未能界定明晰，其实证分析比较复杂，国内外当前关于市地发展权方面的研究不多；从实际情况来讲，尽管城市规划区内很难将农地发展权价值与市地发展权价值分割开来，但两者之间还是有很大的区别；在不严格区分的情况下，发展权价值中的市地发展权可纳入农地发展权范畴内（张友安，2006）。同时，综合各方面考虑，未利用地发展权也可归属于农地发展权研究的范畴，因此，尽管土地发展权与农地发展权之间在内涵上具有相似之处，但从本质上来讲，土地发展权中应主要包含农地发展权、市地发展权两大类，农地发展权归属于土地发展权，这正是本书所认可的观点。

在西方，农地发展权设置是为了保护农地、维护生态环境、保护社会公共利益等（江平，1999），农地发展权指的是具有农业产出效益的农地向其他土地用途转化的权利，主要是指向最高最佳用途回报的用途转用（Dale，1981；John，1997；Cynthia，2001），即建设用地用途转用。英国、美国的农地发展权都是指发展农地的权利。在美国农地发展权主要包括两层含义：主要指将农用地用于开发建设转变为建设用地以及改变地上建筑物容积率等进一步开发土地的潜力；在英国，土地发展权又被称为农地发展权，即农地变更为城市建设用地的权利；法国将地面上超出法定容积率标准的那部分土地容积率称为"地上权"，作为土地发展权的部分表现。但无论哪一种农地发展权内涵，都离不开这样一个核心的内容，即农用地用途的转换（张改红，2004）。

在国内，尽管有学者认为"development right"应译为"开发权"或"建筑权"（郑振源，2005），但从概念上讲土地开发权与土地发展权并无区别（张友安，2005），因此，当前学者大都将其译为"发展权"，农地发展权是土地发展权的重要组成部分。我国土地管理法将土地分为农业用地、建设用地以及其他未利用地，可通过农地构成来研究农地发展权内涵。尽管有学者认为，农地发展权在内涵上包括三个层次：保持农地农用性质下农民进行农业结构调整转向较高收益经济作物生产的权利、变更为集体建设用地的权利、变更为国家建设用地的权利（季禾禾，2005），或者说发展权涉及改变土地用途、提高土地利用集约度以及增加对土地的投入而产生的发展性利益的权利归属和利益分配（郭湘闽，2007），但很多学者都认为农地发展权涉及土地用途和性质改变与土地集约程度改变等所带来的权利。

一般来讲，农地最佳用途价值方向多是作为建设用地，借鉴国内外研究及我国当前国情，本书将农地发展权定义为农地可转为建设用地等不同用途的权利，即可开发农地的权利，不涉及农地非农建设用地下土地增值收益、农地农用情况下种植结构调整所带来的土地收益增加等方面内容，是基本层面上的农地发展权内涵；此处的农地指的是用于农业生产、可耕作、具有非农开发潜力的种植性土地，不包括农村非农建设用地。

根据本书所确定的农地发展权内涵，可得到以下结论：第一，农地发展权的产生是源于国家对土地开发的规划管制，如果没有规划管制，农地发展权自然就不会存在；第二，当前，我国农地发展权价值应主要通过农地用途可能改变所带来的价值增值进行衡量，还不能充分考虑土地开发强度、建筑容积率变化等表现出来的土地价值；第三，农地发展权具有财产独立性，最终可通过市场或行政手段在不同时空上进行配置，而当前的农地发展权配置主要通过行政手段得以实现。

农地发展权是土地产权体系的重要组成部分，从土地所有权、使用权中分离并与其并列，具有一定相对独立性，是借助于国家行政管理权产生、具有物权性质的财产权。农地发展权可防止法律法规缺乏统一判断、减少土地交易双方的纠纷。同时，只有得到国家法律或法规确认，明确农地发展权的本质特征、种类及其归属，实现产权的配置及转移等，农地发展权内涵研究才会有实际意义，这是农地发展权研究涉及的基本内容，也决定了后面的基本分析框架。

二　农地发展权特征

（一）客观性与潜在性

任何一块土地上都客观存在着发展权（王万茂，2006），土地发展权无论在何时何地都已存在，只不过是以何种方式来肯定它（单新国，2006），而且农地发展权存在于任何社会任何国家，只是在不同时候有不同程度的体现（周建春，2005）。尽管当前我国农村土地产权体系中并未设置农地发展权，但农地上是客观存在着农地发展权的，从根本上来讲，农地发展权具有客观性，它通过政府规划或者市场机制来实现。

农地发展权是一种未来可能实现收益的权利，具有预期收益性及阶段性①，随着经济发展与土地资源需求之间矛盾的加剧，农地发展权收益会不断变化，呈现一定增值性。国家对各个区域农地开发的限制程度具有差异性，不同区域内所配置的农地发展权数量不同，由此带来了各地农地发展权价值的差异。尽管农地产权体系中包含农地发展权，但只要国家未对农地开发进行限制，农地发展权价值就不能实现，因此，农地发展权具有潜在性、未来性，这是其区别于其他农地产权的重要特征之一。

（二）工具性与变动性

国外研究及实践表明，农地发展权本质上就是一种工具（instru-ment），实行农地发展权制度的一个重要目的就是保护农地、维持自

---

① 单新国（2006）认为，发展权的计量和分配以预期可获得的经济利益及因限制而受到的经济损失量计算的，这可称为土地的发展权的经济性或财产性。汤志林（2006）认为，土地发展权具有明确阶段性，即土地发展权是以某段时间内土地利用现状为基础，对未来可能（或许可）发生的土地利用物质形态与价值形态变化的量的设定。

然环境开敞空间，实现社会的可持续发展。随着当前我国城市化进程加快与土地供需矛盾的突出，农地转为非农建设用地时必须要依据有关法律法规，履行严格的法律程序。

同时，为了经济的发展、社会的进步，在坚持耕地保护政策，保证耕地总量动态平衡的条件下，各级政府可以灵活地采取一定手段满足国家经济与社会发展所需要的农地资源。基于不同时期国家与社会的不同发展目标，国家将会实施差别化的土地利用政策，调整各地区土地利用指标等，最终使不同时期内各区域形成不同的农地发展权价值。同时，与以前的权利束相比，发展权能够反映土地利用的动态权利（郭湘闽，2007），因此，可以说，农地发展权的实现具有变动性、灵活性、不确定性。

（三）具有国家干预特征的物权

国家干预是土地用途法定形态变更的实质，调节土地用途变化的主要机制为政府干预机制（臧俊梅，2007），为了保护农地、维护生态环境，需要采取积极、合理的国家干预机制，只有国家限制土地开发才会产生农地发展权。同时，通过国家干预土地用途转化、土地利用结构调整形成了各地具有差别化的农地发展权价值；农地发展权在很大程度上体现了国家意志，具有典型的国家干预特征。

我国《物权法》规定："物权，是指权利人对特定的物享有直接支配和排他的权利。"① 根据物权的本质，所谓物权是指法律将特定之物归属于特定权利主体之法律地位（梁慧星，1997），在物权制度中，物的利用表现为用益物权制度和担保物权制度。根据农地发展权内涵及其现有设置状况，农地发展权"直接支配性、保护之绝对性、物权的目的性和手段性"符合物权的特性。同时，在国外的一些案例，见蒙哥马利地方法院判决案例② ，已经承认了农地发展权是一项不动产物权（刘明明，2007）。当前国内大多数学者也都承认农地发

---

① 《物权法解读：土地承包经营权物权化　让农民吃"定心丸"》，2007 年 3 月 19 号，中国网（http://www.china.com.cn/law/txt/2007 – 03/19/content_ 7981198.htm）。

② John C. Danner，"TDRS – Great Idea but Questionable Value"，*The Appraisal Journal*，pp. 133 – 142，April，1997.

展权是一项可行使或被限制而不能行使的财产权（物权），若认为发展权是一种体现国家意志的经济法意义上的权利而否认农地发展权是物权的主张，则有滥用国家警察权之嫌①；土地权利的设置必然随着社会经济的不断发展而有所变化，现代物权法将会更重视土地利用权的地位和作用，当前土地权利制度重心已经转移到土地资源的使用效率以及土地收益的分配公平上（刘国臻，2007），因此，尽管我国已通过的《物权法》中并未规定农地发展权，但是随着我国经济的发展以及土地权利体系的完善，农地发展权应逐步被法律确认并最终纳入我国物权法体系。

第二节　农地发展权设置的必要性与可行性

一　农地发展权设置的必要性分析

（一）完善我国农村土地产权制度的需要

我国实行的是国家所有、集体所有两种土地所有制形式，采取土地公有制，土地管理模式为"命令—控制"式，实行严格的土地用途管制制度。过去由于受到僵化的计划经济体制和政治体制的束缚和影响，不适当强调了土地所有权的法律地位和法律效力，并将其置于土地权利制度的核心地位，忽视了土地使用权等其他权利，其结果必然导致对农民所享有的土地承包经营权等土地财产权利的不尊重和任意侵害（任庆恩，2003），严重侵害了农民的土地承包经营权和其他土地财产权利，使农民对其所享有的土地缺乏长期、稳定的预期。现行土地产权体系的缺陷是土地市场混乱、土地增值利益分配不公，这就有必要在现有产权制度下进一步弱化土地所有权，在土地权利体系中引入农地发展权等权利，对传统土地产权制度进行创新。

根据马克思的生产关系必须适应生产力的原理，现阶段我国农村土地产权制度的安排必须与农村的生产力水平或经济发展水平相适

---

① 刘明明：《土地发展权基本理论问题研究》，硕士学位论文，山东科技大学，2007。

应。随着社会经济的发展及城市化进程的加快，我国人地矛盾日益突出；同时，地方政府，国有土地使用者，集体土地所有者、使用者等在土地利用问题上多以追求自身利益最大化为目的，这就为我国农地保护、实现粮食安全与国家长治久安等目标实现带来诸多不利影响，需要国家通过土地利用规划、土地用途管制政策等限制农地开发利用等。

政府土地用途管制等强制性制度政策并不能成为忽视土地所有权的理由，不同主体之间需要达到一种利益的平衡；同样是一块土地，有些区域内农户就能享受开发增值所带来的巨大收益，有些区域内农户则不能，这都是由于政府规划管制等带来的直接结果，而现有土地产权体系却无法合理协调、解决政府管制与农地转用增值分配之间矛盾等问题。农地使用权包括对现状利用以及对未来（发展）改变使用的权利，在我国农地使用权具有"准所有权"性质（单新国，2006），但其内涵过于笼统，设置农地发展权后可与使用权分工，在土地产权制度中运行并发挥更好作用；另外，新形势下我国出现的一些新情况，如有关主体功能分区下农地发展权实践等又对设置、运用农地发展权提出了更为迫切的要求（单新国，2006；王永莉，2007）；因此，为了创新土地所有权理论，完善我国现有农村土地产权制度，更好地解决现在及以后可能不断出现的新问题，很有必要提出农地发展权概念。

（二）耕地保护、生态环境维护的需要

国外农地发展权设置的主要目的在于保护农地、维持生态环境、保护社会公共利益等，而十分珍惜、合理利用土地和切实保护耕地正是我国的基本国策。改革开放以来，由于经济发展和社会变化，我国土地管理工作中出现很多新问题；人口增加与耕地减少的矛盾非常突出，非农建设占用耕地、农业结构调整大量占用耕地；城镇建设外延扩张，村庄建设分散无序，乱占耕地，浪费土地的问题时有发生；非农开发迅猛导致很多地方农村生态环境破坏严重，耕地保护、生态环境维护等方面的问题较突出，土地法制有待进一步加强。这些问题的解决要求完善现有农地产权结构、设置农地发展权、加强法律建设，按照自然、社会经济条件变化情况调整经济关系，以缓解我国当前的人地供需矛盾，减缓耕地资源减少，增加生态环境破坏等的成本，以上这些都说明当今在我国设置农地发展权是很有必要的。

（三）农地发展权设置是解决我国土地管理工作效率低下及农地资源利用不合理等问题的途径之一

农地发展权的缺位是导致我国土地利用规划难于执行及土地资源利用效率低下的重要原因之一。西方国家非常重视土地产权方面的制度改革，土地产权权能较细化，产权结构也比较合理，大多都能满足土地资源配置的需要。我国当前实行的是有中国特色的社会主义市场经济，国内的土地管理制度多数采用"命令—控制"模式，国家坚持严格的土地用途管制制度，垄断土地一级市场，这就使政府主导的农地资源配置不具有灵活性，资源配置效率不高，具有不同土地需求的各区域之间很难实现土地供需平衡，不同区域之间土地增值收益分配不公，农地资源利用过程中出现问题较多。

因此，应尝试在我国土地资源利用及管理工作中引入权利理念，即农地发展权。要在现有土地用途管制制度、城镇规划等基础上引入农地发展权转移（TDR）、农地发展权购买（PDR）等项目解决上述问题，从而形成一个交易成本低、效率高的土地流转市场，有效抑制政府在非公共利益性质征地过程中对征地权的滥用，规范土地征用程序，灵活满足不同区域不同产业的用地需求，规范政府及开发商等主体在交易过程中的行为，通过市场机制等多种方式使不同发展区域之间利益分配趋于合理，从而在时空上最佳配置、合理利用整个区域内农地资源，推进土地管理行政体制改革，最终促进整个社会协调、可持续发展。

二　农地发展权设置的可行性分析

（一）从土地产权体系变迁的历史分析

我国土地权利制度建设非常薄弱，没有专门的土地权利法。根据国家法律法规，我国当前的土地权利主要包括土地所有权、建设用地使用权、土地承包经营权、宅基地使用权、地役权等（刘明明，2007），总体来讲，国内土地权利体系确权覆盖率不高[1]，为我国土地产权体系建设提供了较大的创新空间。

从我国及世界范围内土地产权变迁轨迹来看，土地权利体系发生了很大的变化，即由土地所有权为中心的土地权利体系向以土地利用权为中心等方向的转变；其他权利，如他物权、占有权、采矿权、空间权等都是逐渐与所有权分离而产生的，是所有权在不同历史时期随着社会经济条件发展变化的结果。因此，从现有土地产权体系形成、变迁的历史等方面来看，设置农地发展权是可行的。

（二）从我国现有土地法律法规及国内外农地发展权研究、实践现状分析

尽管我国目前尚未建立农地发展权的法律制度，但在有关法律法规中都有关于农地开发利用的权利义务的规定，可以将这些权利义务规定理解为"农地发展权"的可能法律渊源，其形式主要包括：宪法、民法、行政法及行政法规、地方性法规等（单新国，2006），以上都是农地发展权从行为规则上升到法律的基础。

政府实施的土地用途管制等已构成对农地所有权的限制，这为农地发展权的设立奠定了基础。国外农地发展权制度设计及实践运作为我国农地发展权设置提供了可以借鉴的经验，同时，中国国内很多学者已分别从法学、经济学、法经济学等角度在理论上对农地发展权做了大量的研究和探讨（张安录，2000；万磊，2005；石强，2007；王海鸿，2007；潘善斌，2007）。国内有关农地发展权方面的运作构想等为我国农地发展权制度设计提供了基础，例如我国现有的征地制度改革等正倾向于农地发展权归属于土地所有者（征地补偿标准与征地后的用途挂钩）[2]，这些正是当前在未变动现有土地产权体系情况下，通过实践来实现农地发展权价值的尝试，也为农地发展权最终设置提供了参考及可

---

[1]　孙荣飞：《土地权利体系待规范　确权覆盖率仅51%》，《第一财经日报》2006年7月18日。

[2]　孙弘：《中国土地发展权研究：土地开发与资源保护的新视角》，中国人民大学出版社2004年版。

能性。因此，通过对我国现有法律法规及国内外农地发展权研究、实践现状等进行分析，农地发展权的设立具有可行性。

第三节 农地发展权与其他土地产权关系

一 农地发展权与所有权的关系

所有权是所有人对物的永久和充分的物权（或财产权），是所有人以占有、使用、收益、处分或其他任何可能的方式实现的对所有物的直接支配的权利（任庆恩，2003）。土地所有权指土地所有人依法对自己土地享有占有、使用、收益和处分的权利，在农地产权体系中占据非常重要的地位，具有所有权的一切属性，是全部土地问题的核心，受到我国宪法及法律保护。当今社会的一个普遍趋势是农地所有权的行使受到越来越多的限制，发展权便是这种政府限制的产物。尽管有学者认为发展权从属于或不完全从属于所有权（王小映，2003；孙弘，2005；王万茂，2006），或者认为不从属于农地所有权（梁慧星，1998；张安录，2000；季禾禾等，2005；周建春，2005），但其都认为农地发展权是一项独立的财产权，即，农地发展权可以分离出来作为独立的权利为他人使用，这也符合农地发展权最初起源的观点①，即开发权与所有权相分离，因此，农地发展权与农地所有权相分离是关于农地发展权与所有权之间关系的基本观点。从历史的角度来看，诸多土地权利都是为了适应社会或经济发展需要，随着经济及各种条件的变化从最初与土地所有权一体的状态中逐渐分离出来的。

二 农地发展权与使用权的关系

在土地法制史上，土地权利体系发生了很大的变化，即土地所有权向土地用益权让步，以土地所有权为中心的土地权利体系转变为以

---

① 张友安：《土地发展权配置与流转研究》，博士学位论文，华中科技大学，2006 年。

土地的利用权为中心（刘明明，2007），这是我国当前土地产权体系的重要特征。我国现行的土地管理法规定，土地使用权是指单位或者个人依法或依约定，对国有土地或集体土地所享有的占有、使用、收益和有限处分的权利。土地使用权具有一定期限，是从土地所有权中分离出来，与所有权并列并能独立支配的一项权利，已逐步成为我国土地权利中最活跃、最重要的权利类型（单新国，2006）。依据2007年3月16日通过的《中华人民共和国物权法》，我国农地使用权主要包括农地承包经营权、农村非农建设用地使用权等两大类，农地发展权与这两种基本使用权之间的关系为：

第一，农地发展权对农地承包经营权具有"终止"功能。我国正面临着人地矛盾突出、农地资源日益短缺的困境，国家为了保护农地、维持生态环境，通过土地利用规划或城镇规划等对农地开发采取限制等，由此产生了农地发展权。农地发展权价格主要通过农地非农转用收益来衡量，因此，从本质上讲，在同一个土地产权体系内，农地发展权的设置必然涉及改变农地用途、"注销"农地承包经营权等内容，这也影响到了农地使用权价值的高低。

第二，相比较农村非农建设用地使用权的土地利用静态权利[1]，农地发展权具有动态利用的产权特性，通过政府或市场机制实现农地发展权向被转移地区无偿授予或销售等，从而产生不同的农地使用权收益，这两者之间具有很大程度上的不连续性与差异性。

因此，从以上可以看出，农地使用权内涵不同会影响使用权与农地发展权之间的关系，土地产权体系中的农地发展权具有界定土地使用权边界的作用，可从使用权中分离并最终影响到农地使用权价格的高低。

三　农地发展权与地上（空间）权的关系

权利人对土地上下空间的支配权称为"空间权"，空间权可以从土地权利人的所有权或使用权之中分离出来作为独立的权利为他人支

---

[1]　刘国臻：《论我国土地利用管制制度改革》，人民法院出版社2006年版。

配使用，分离出来的空间权称为"地上权"，即利用他人土地的地上、地下空间建筑的权利（郑振源，2005），在美国空间权也称为发展权（王利明，2002）。土地所有人虽拥有土地所有权，但能否同时拥有地下矿藏所有权却并不一定，因为这属于发展权问题（胡兰玲，2002）。通过相关法律、技术保障等地上（空间）权可实现农地发展权，因此，设置该产权是农地发展权产生的前提基础；同时，农地发展权借助地上（空间）权进行权利的纵向分割可以形成立体的农地产权结构，并通过与农地所有权、使用权等其他产权的结合最终实现土地资源效益的最大化。

第四节　农地发展权归属及其意义

一　农地发展权归属

（一）农地发展权归属研究评述

1. 农地发展权归属观点

农村土地问题的核心和实质是土地权利问题，即农村土地的归属制度和利用制度问题（任庆恩，2003），因此农地发展权归属问题是农地发展权制度设计的核心问题之一。该问题关系到我国农村土地产权制度的完善与耕地保护、征地补偿、土地收购储备、城市发展等一系列土地管理工作及政策制定，更关系到我国整个社会的协调、稳定、可持续发展等，具有十分重要的理论及现实意义，值得我们进一步深入研究。

国内一些学者认为，农地发展权是通过政府采取的土地利用规划、城市规划等整体安排而产生的，是在国家决策及政府投资等基础上产生的，我国是社会主义国家，选择农地发展权归公有助于维护公平、保护农地、体现和落实国家意志、为制定土地利用与管理政策提供空间等，因此应将其赋予国家；而实际上，以上有关方面也是英国农地发展权制度设计的主要目标，但实践证明，在英国实行土地发展权国有化后，土地开发速度减缓，土地市价升高，土地市场的买卖几乎陷入停顿，原土地所有权人保护土地积极性不高，结果不仅失去了效率，而且也未能真正实现公平（刘国臻，2008），同时也使土地市场发生闭销，阻碍了土地的正常使用；因此，有必要再对农地发展权归属问题进行认真、仔细的分析，以实现最大的土地利用及管理绩效。

在英国和美国，政府可通过法律规定无偿取得或通过购买取得农地所有者的土地发展权（周建春，2005；王海鸿，2007）。英国一切私有土地将来的发展权转归国家所有，私有土地所有权人或利用人如要改变农地为建筑之用，则在实行建筑活动之前，必须向政府购买农地发展权；美国的农地发展权归土地所有者拥有，可以与所有权分离进行流转，政府需要向农民支付一定额度的费用购买农地发展权；法国的建筑权类似于土地发展权，规定超过建筑权限制部分归国家所有；苏志超（中国台湾）也认为土地发展权应归国家所有。中国大陆并未设置农地发展权，但自 20 世纪 90 年代引进农地发展权概念以来，国内有不少学者尝试对农地发展权归属问题进行研究；综合分析，国内关于农地发展权归属的观点主要有以下三种：

（1）属于国家所有

持这类观点的学者认为，具体农地的开发利用是通过政府统筹全局所采取的土地利用规划、城市规划等整体安排而实现的，最终是在国家决策及政府民众投资基础上产生。季禾禾（2005）将我国农地发展权定位于：将农地发展权的决策权交予国家，由国家作为行使发展权的法律主体，决策土地向更高价值方向流动，地方政府作为国家代理人具体行使征地权，农民参与发展权分享。王万茂（2006）认为，从农地发展权的权源及其本质特征、从公共产品供给及公共治理、从农地发展权的估价和市场运作的角度考虑，农地发展权的主体包括国家和农地使用者两大类，它的权源是国家主权，因此最终农地发展权应归属于国家，农民可以以社会个体身份参与这部分农地发展权增值的分享等。

该观点主要体现了"涨价归公"思想，从土地增值收益的分割问题分析了农地发展权的归属问题（万磊，2005；臧俊梅，2007），并认为农地发展权归国家所有，可以保护耕地、维护生态环境、协调经济发展与用地紧张之间的矛盾，实现整个社会稳定、协调发展。

（2）属于集体土地所有者所有

持这种观点的人认为，发展权应当与土地所有权一样属于同一个主体，为了保护农民集体权益，农地发展权可随同所有权归属于农地所有者即集体经济组织。邹秀清（2006）认为，以何种方式赋予农民可转移农地发展权，理论上有两种不同观点：一是农地私有化；二是在保持集体所有制的前提下，明确可转移农地发展权为农民所有，无论怎样，农地发展权都应该属于农民集体。郭熙保（2006）认为，农地发展权收益是指土地用途转变之后由于土地用途不同而形成的土地价格差异或者土地增值，农地所有权人有权享有这种土地的增值。廖喜生（2007）认为，我国农村土地发展权应归属于其所有者，也即为拥有农地的各农民集体。

该观点主要体现了"涨价归私"思想、效率原则。对于发展权的归属问题，其本质是发展权价值增值收益如何分配问题。采取这类观点有助于维护农民集体产权权益，解决很多当前土地管理工作中的问题，而且国家当前实施的农村集体土地流转制度改革、征地补偿制度改革等内容也都在某种程度上认可农民对农村集体土地发展权权益的分享或占有。

（3）属于二元主体所有

持这种观点的学者认为，农地发展权的产生是由很多因素造成的，应在国家与农民集体之间合理分配共同分享农地发展权权益。周建春（2005）认为，农地转为非农用地的增值应为农地所有者所有，该增值的分配与市场交易的实际情况相符，即土地增值的第一次分配；此外，各国地区也开征土地增值税，将部分自然增值收归社会，即第二次分配。戴中亮（2004）认为，农村集体土地发展权的二元主体论即将集体建设用地的发展权赋予农民。王永慧（2007）认为，农地发展权是国家与农地产权人共同享有的土地产权，应该合理界定国家和所有者之间的发展权收益分配比例，实现农地发展权收益分配的公平和效率。王克强（2005）认为，农地发展权创设的权利属于国家，而农地发展权细分为基本发展权、实体发展权、虚拟发展权。倾向于归国家与农地所有者共有，但在不同的发展时期应有不同的做法。沈海虹（2006）认为，土地作为一种社会生产要素的发展，是社会各阶层在空间共同运作的结果，因而其增值也需要为社会所共享，通过土地增值税来实现这点。

除以上三种发展权归属观点之外，还有学者认为，不能笼统说农地发展权是归公（国家）还是归私（农民集体），无论农地发展权归属于谁，都必须遵循一定的价值判断；如王万茂（2006）认为，任何一块土地上都客观存在着发展权，农地发展权归属于国家土地所有者和归属于集体土地所有者其利益取向及权利流向是不同的，但都是有利于拥有农地发展权的土地所有者，是否有利于全社会则不是考虑的重点。杨成余（2006）认为，不管是把农地所有权归属于农地所有者还是归属于国家，抑或是部分归农地所有者部分归国家的外国实践模式，都是基于本国的具体情况，最大可能地维护社会的公平、公正以及保障农地所有者的利益；郭湘闽（2007）认为，农地发展权归属无论采用什么模式，都应当看到"归属明确"和"公私利益和谐共处"是各种发展权模式运作良好的共同前提。刘国臻（2005）认为，农地发展权归土地所有权人模式主要是基于土地利用效率和耕地保护的考虑，农地发展权归政府或国家所有模式主要是基于社会公平的考虑。因此，我们在设计农地发展权（归属）制度模式时，应当考虑某种土地之上的土地发展权所影响的范围。

2. 农地发展权归属研究的角度

农地发展权归属问题是农地发展权制度设计的基础问题之一，综合有关农地发展权归属研究方面文献，当前国内学者对其分析主要从以下几方面展开。

（1）从我国当前土地利用管理制度、政府财税等角度分析

这类研究从当前我国土地资源利用与管理制度、农地保护、国家宏观调控以及政府财税等方面分析了农地发展权归属问题。如刘文静（2006）主要从目前土地开发的相关制度设计和管理方法如土地管理法、用途管制制度、征地补偿制度等方面分析了在我国隐含着土地发

展权归公思想。田春雷（2005）从完善土地利用规划制度、加强农地保护、保障农民耕作权利、规范土地市场及为国家提供稳定财税等角度分析了配置土地发展权国有的意义。刘明明（2007）从厘清国家对土地的宏观调控权和土地产权之间关系入手，阐述不能因为国家宏观调控而抹杀了土地产权，根据我国土地所有权制度确定市地、农地发展权应当分别归属于国家和农民集体。张改红（2004）论证了国家财政预算充足与否并不能成为否认农地发展权归农民集体的事实，并从公平效率原则分析了国家法规等行政性垄断对农民集体土地发展权的压抑。

（2）从尊重产权的公平性、社会整体利益出发考虑归属

这类研究从尊重产权主体土地产权的公平性，维护社会整体经济、生态利益等出发对农地发展权归属问题进行。如栗庆斌（2005）确定农村集体经济组织的土地再投入之权可设定为集体土地发展权，农用地变更为建设用地之权应归国家所有。赵琴（2007）从创设农地发展权的目的以及尊重农民私有产权的角度出发，认为我国农地发展权的归属应归农地所有者，即集体经济组织和农民个人，国家也应通过征税的方式获得部分收益保证社会公平。张友安（2005）认为，即便土地发展权归国家所有有利于土地供应参与宏观经济调控，有利于实现"五个统筹发展"；但是，必须明确土地发展权取得费用纳入土地征用（征收）成本，而且土地发展权的收益（价值）应大部分用于反哺"三农"，以维护农民利益，促进城乡和区域之间协调发展。

（3）根据影响发展权归属的因素、经济理论进行分析

这类通过研究影响农地发展权归属的因素、采用不同的经济理论来分析农地发展权归属问题，如范辉（2006）分析了影响土地发展权归属的各种因素，结合供求理论，用比较分析方法从耕地保护、防止征地权滥用、农地外部性内在化等方面比较确定农地发展权归属国家。赵友安（2006）采用地租理论分析土地发展权增值收益分配问题，认为土地发展权不能单纯地说是归属于国有或者所有者所有，但考虑到我国历史特征及"工业反哺农业"的现状，应考虑农地的发展权归属于农民集体，以征收土地发展权交易税的方式回报国家的投资等。

　　除此之外，还有学者从农地发展权的权源、动力及实施条件等角度（王万茂，2006；谈亭亭，2008），从土地权利变迁方面（臧俊梅，2006），从农村集体发展权价格的地租本质（赵琴，2007），以及从区分农地发展权的归属主体和对发展权的管理主体（张友安，2006）等方面多角度分析了农地发展权归属问题；总之，当前国内有关农地发展权归属方面的分析较成熟，不同学者基于不同角度对这一问题进行了较为系统的研究。

　　一项看似有用而引良有必要的权利，能否成为正式制度，或某一项制度的组成部分，必须经过"合法性"检验。在这项权利成为法律制度之前，合法性检验就是法律分析（单新国，2006）。因此，尽管当前很多学者从不同的角度针对农地发展权的归属问题进行了较为详细的分析，也有学者尝试从法律角度分析了农地发展权归属问题（单新国，2006；臧俊梅，2007），但其观点都不尽准确并需要进一步完善。本书基于法学理论分析了我国农地发展权归属问题，从而为下一步研究奠定了基础。

　　（二）本书作者的观点

　　1. 农地发展权是从所有权中分离出来的一种独立物权

　　农地发展权与所有权的关系问题可归结为农地发展权是否独立或附属于所有权的问题。事实上，所有权的内涵从来就是处于不断变化与发展过程中的，立法对权利的创设和分配从来都是附属于社会变迁对社会关系调整的需要的。

　　在资本主义经济发展早期，个人主义思想盛行，提倡天赋自由与天赋人权。如洛克提出"个人主义的自然法论"，认为在自然状态下，人受自然法的支配，均享有完全的自由，享受不受限制的各种天赋权利，并且主张生命、自由、财产，皆为与生俱来、神圣不可侵犯的自然权利。发展至后来，"所有权神圣不可侵犯"达到普遍认同，并被确定为所有权绝对原则，从而引起资本主义突飞猛进与私人财富的激增，终于成就了17、18世纪以来的现代繁荣。而关于土地所有权的问题则有两种原始形态——罗马式土地所有权和日耳曼式土地所有权。前者出现于公元2—5世纪的罗马，承认土地所有权的行使有绝对自由，带有强烈的个人主义色彩；后者出现于中世纪的日耳曼，带有浓厚的封建色彩，以及强烈的团体主义色彩。然而，这种以个人利益为本位的所有权过分扩张，同时造成了财富为少数资本家所独占，土地为少数富豪所垄断，出现了贫富差距大、劳资对立、环境污染等社会问题，使社会秩序陷于不安。于是，人们开始对个人主义所有权思想进行反思。

到了19世纪末20世纪初，社会整体利益受到密切关注，团体主义兴起，提倡公共利益重于私人利益，团体重于个人，个人主义所有权思想逐渐衰退，代之而起的是"所有权社会化"。所有权社会化，主张财产权社会责任连带说。在私有财产中，土地的占有、使用与人们的生产、生活活动均有直接而密切的关系。所以土地财产权的社会化倾向程度也最为显著。所有权由个人本位向社会本位转变，反映在立法上就是立法出现了社会化倾向，对所有权进行了诸多限制。对土地所有权而言，立法的重点转向如何调整土地的使用，促进产权流转，使土地发挥更大的社会效益。在这种社会背景之下，我们可以说：所谓权利，并非与生俱来，而是法律为保障在社会连带关系中得以履行诸种行为而特别设定的权利。财产权不过是种种权利中的一种，即法律规定个人在社会连带关系中履行经济行为的社会性责任。至此，所有权绝对自由与神圣不可侵犯蜕变为具有社会性责任的制度。由此，农地使用权便逐渐从所有权中分离出来，成为一种独立的物权。顺应这种趋势，农地发展权也得以创设，从农地所有权中分离出来成为一种独立的可转让的物权，该观点已得到国内大多数学者的认可。同时，从历史的角度来看，现在的诸多土地权利也都是为了适应社会发展需要，从最初的与土地所有权的浑然一体状态中逐渐分离出来的。

2. 农地发展权归属法理分析

我国宪法第13条规定"公民的合法的私有财产不受侵犯"、"国家依照法律规定保护公民的私有财产权和继承权"。这样，公有财产与私有财产便具有平等的法律地位，平等地受到宪法的保护。我国公有财产与私有财产具有平等的法律地位并受宪法保护，现代社会公民的财产权利并不只以公民的所有权为典型（郜永昌，2007），其他产权权利具有和公有财产一样平等的法律地位，当国家对这些权利的限制构成特别牺牲要件时，应补偿对公民的产权侵害。

观察我国现实，改变现有土地用途求得更大发展机会的权利——农地发展权，还没有被普遍法定化。在英、美等一些国家，农地发展权已经被纳入财产权法律范畴，并通过发展权移转等实现环境保护与经济发展之间的整合。而在我国，农地发展权目前则更多处于学者间的理论探讨层次，考虑国内外关于发展权的相关制度，我们认为，在发展权日益物权化的今天，充分运用物权平等保护原则才能切实保护农民权益，实现社会公平。

所谓物权法的平等保护原则是指物权的主体在法律地位上是平等的，其享有的所有权和其他物权在受到侵害以后，应当受到物权法的平等保护。平等保护原则是民法平等原则在物权法中的具体化。物权法的平等保护原则可以从如下几个方面来理解：①物权主体的平等。②在物权发生冲突的情况下，针对各个主体都应当适用平等的规则解决其纠纷。③是在物权受到侵害之后，各个物权主体都应当受到平等保护。观察我国土地管理制度可知，国有土地使用权出让（或划拨）并不意味着土地发展权也随之出让，国家在国有土地使用权出让合同或划拨文件中已经预设了该土地的用途，并且不允许土地使用者等任意变更土地用途，也就是说，对于土地如何发展的权利并不由使用者等决定，国家在这里已经拥有并行使了国有土地发展权。我国土地分为国家所有和集体所有两种形式，在法律上，国家所有财产和集体所有财产是平等的。我国的法律条文从来就没有规定集体所有制的地位要比国有制的地位低（张安录，2000），既然国有土地发展权归属于国家，国有土地使用权人、他项权利人不享有土地发展权，那么，农民集体作为农地所有者也应自然享有农地发展权，否则便与物权平等保护原则相违背。

我国新颁布的《物权法》明确：国家、集体、私人的物权和其他权利人的物权受法律保护，任何单位和个人不得侵犯。而我国现在实施的集体土地相关制度等却是在《物权法》实施前制定的，是在计划经济时代制定或延续修订的。《宪法》是"根本大法",《物权法》也有"经济宪法"之称,"下位法服从上位法"是一个更基本的法理,虽然特别法可以是一般法的具体化并可以在某方面不受一般法限制成为例外,但这种例外一定不能违背法律的基本准则和原则,而公平和平等无疑是必须尊重的原则,《物权法》作为后出台的上位法,也应具有更高的地位,一切与《宪法》精神、《物权法》原则相违背的土地制度或实施方法等,理应逐步废止①。

基于以上分析,关于农地发展权产权保护方面我们必须遵循以下要求:①物权主体在设定和转移物权时,应当遵循共同的规则。即使国有土地财产进入交易领域,也必须要和其他财产一样遵守相同的规则,因此不能出现国有土地发展权与集体土地发展权享有权利不一的状况;②在利益受到侵害时物权法的精神是:只要属于合法所得的财产,都要受到物权法的保护,集体土地发展权是一种物权化财产权利,因此其合法性不容置疑,所以应获得应有保护;③公有财产要予以保护,集体组织、私人的合法财产也要保护,无论在保护范围还是保护力度上,都应当是一致的。

尽管我国当前有关农地制度设计在很多方面上体现的是将农地发展权配置给国家,但这一切都将随着我国《物权法》等不断完善而逐步得以纠正废止,如当前着手的征地制度改革倾向于将农地发展权归属于土地所有者(孙弘,2004)。同时,目前我国农业土地使用权私有制与土地所有权专属国有化基本不矛盾,主要将农地发展权赋予农民集体也不会对我国当前土地产权制度产生冲击;因此,农民集体土地发展权应在法律上享有与国家土地发展权同等程度的保护,这在农地发展权日益物权化的今天具有重要的意义,即根据物权平等保护原则,农用地可转化为建设用地时实现的农地发展权价值应主要赋予农民集体,否则即违背物权法的基本精神,这也符合初次分配基于产权的原则。

但同时,农地发展权的产生是源于国家对土地开发的规划管制,

---

① 邵明:《平等保护集体物权解决我国集体土地及相关问题》,2008 年 8 月 20 日,淮安市网上楼市网(http://www.hahouse.gov.cn/ONEWS.asp? id = 991)。

并且其价值形成要受到社会经济发展、政府基础设施建设投资等诸多因素影响，完全归属于农民可能破坏城市规划与耕地保护，也不利于社会整体公平，而且世界各国也没有哪个国家全部将农地发展权配置给农民。因此，本书最终考虑将农地发展权主要赋予农民集体，这是农地发展权价值的初次分配；此后，政府也必须以税收等形式对农民集体农地发展权收益实行再分配，将部分发展权价值收归国有，从根本上维护国家利益，确保社会公平，这也正是本书有关农地发展权归属方面的基本政策设计。

二　农地发展权归属的意义

（一）保障农民集体产权权益，实现土地增值收益分配结构均衡，有助于促进全社会稳定发展

财产权利是分配的前提条件和经济依据。我国已通过的《物权法》第一次明确规定农村土地承包经营权作为一种物权，按这一趋势，农地发展权益归农民集体所有的法律形式实则反映了农民集体的利益。由于强调或滥用"公共利益"、受"万能"政府的传统影响（杨成余，2006），当前我国征地补偿及农地流转过程中真正的土地所有者和使用者得不到应有的补偿。就农地发展权权益的分配来讲，我国目前的产权分配体系无法为农民集体提供参与土地增值利益分配的权利基础，导致农地转用的增值收益大部分被各级政府或开发商等攫取，由此引发了一些农村地区的农民进行抗争。

设立农地发展权并将其赋予农民集体有利于理顺集体土地的产权关系，从而使集体在农地流转及征地补偿制度等经济活动中拥有更加完整的土地产权。农民之所以热衷于集体土地的自发流转，主要原因就在于流转能对抗征地给农民集体土地发展权带来的压抑，农民可以原土地生产要素权利人身份重点享有农地发展权收益，并从农地流转中获得收入用于家庭生产、生活，最大程度上保障自身利益。同时，国家可以通过对农地发展权征税等形式实现第二次收益分配，保证了社会公平。

为了满足公共利益的需求，国家强制性征地是国际上通行的做

法。我国在计划经济时代制定并实施至今的征地法规已严重滞后，滥用征地权①严重压抑了农村集体的农地发展权权益，农民的土地财产权益在国家土地征用中事实上集体性地受到了侵害（王小映，2003）。据国土资源部的一份资料显示，2003年上半年进京上访的人群，有90%是农民。其中，因征地纠纷、违法占地问题上访占70%以上，反映征地补偿安置又占其中的87%；而在反映征地问题的上访中，又有一半多是集体上访。因此，赋予农村集体农地发展权后，非公共利益性质的用地就可采取市场化手段，通过支付市场价值来获得农地，这就保障了农民集体的土地产权权益，征地补偿时就不再只是按土地的原有用途获得补偿，打破了以往农地发展权大部分收益被政府和用地单位瓜分的格局，实现了土地增值收益分配结构的均衡，更加有助于全社会的协调、稳定发展。

（二）保护耕地、控制城市规模过快拓展、优化城乡土地资源配置

有很多学者把国家作为农地发展权的唯一主体，并认为通过局部完善现行征地制度，提高征地补偿费就能在一定程度上缓解国家和农民之间的利益冲突，并以此来作为否定农地发展权归农民的依据；但实际上，这些具体措施只是基于"补偿损失"，没有真正体现对农民土地财产权的尊重，农民所得的也仅仅是农地发展权收益中的一小部分，并且这些措施也不能从根本上解决征地制度的困境，也不可能达到保护耕地的目的。相反，假如农民集体获得了农地发展权，对使用方非公益主体的，征地补偿标准中就须包括农地发展权价值，那么，农地转用及征地过程中农民与用地单位之间可以直接就农地价格及相关事宜进行谈判，开发商获得土地的成本将会增加，由此导致农地非农化的成本增加；同时，国家可通过税收等形式将部分补偿资金用于土地整治和基础建设，使农地开发利用与国家建设相协调，平衡土地保护中国家、农民集体、社会三方利益，从而真正实现土地的可持续

---

① 张孝直（2004）认为，国家广泛而又深入地介入农村地权关系，是政府行政权力对农民经济权利构成现实和潜在的威胁，这是中国农村土地问题的总根源，是"政府权力的滥用"。见张孝直《农民负担根源探析》，三农中国网，2004年7月6日。

利用和耕地总量的动态平衡，这样就可以减少政府随意征地、开发商乱占耕地等行为，有效保护耕地资源。

同时，考虑到我国目前集体土地所有者虚置及农民整体认识局限等因素，政府作为管理者可综合运用多种手段进行引导，如对农民拥有的农地发展权价值征税等方式避免因农民集体只关注获取暂时利益而可能导致的耕地资源流失，国家也可制止对土地的随意征用行为，遏止城郊建设用地面积的急剧扩大，控制城市规模过快拓展。

农地发展权归属于农地所有者将会理顺农村集体土地产权关系，有利于实现整个城乡之间土地资源的供求平衡，提高土地交易活动的效率；同时，土地价格上升也将促使土地开发者、使用者更加集约、节约开发利用农地，最大程度上实现农地开发潜力，提高对农地的投资强度，最终优化城乡之间土地资源的配置。

（三）创新土地管理工作模式，更好地发挥土地在国民经济中的宏观调控作用

按照现行法律规定，我国农村集体土地所有制造成了农村土地产权、农村集体土地所有权主体不清晰，形成了事实上的土地所有权主体虚置，将农地发展权赋予农民集体，有助于重塑农村集体所拥有的土地价值构成，明确农地产权主体，并最终确立以农地产权保护为核心的土地管理实现路径（孙弘宇，2006）。政府可以此为基础利用市场化原则改造、创新征地拆迁、城市土地储备、农地入市等土地管理工作模式，调整现有农地增值收益分配体系，转变政府机构的土地管理职能，最终实现我国土地管理工作由行政管理走向公共管理，更科学合理地为民众服务。

此外，赋予农民集体土地发展权后，政府、社会组织等可采取农地发展权转移等方式解决我国现阶段人地矛盾突出等问题；同时，通过明晰农民集体的完整（土地）产权，可以理顺国家与农民及其他土地产权人之间的权利义务关系，将国家干预集体土地产权的行为纳入法制化轨道，政府也就能够在市场经济体制下引导不同区域、不同产业之间的农地资源配置，最终充分发挥农地资源在国民经济中的宏观调控作用。

第三章

农地发展权定价及实证研究

约翰·穆勒认为：价值问题"是根本问题。在这样构成的社会内，几乎一切有关经济利害关系的思考都包含某种价值理论。在这个问题上的错误即使是极小的，也会使我们的其他一切结论产生相应的错误"。因此，农地发展权定价问题是关系到后续研究的基础性问题。本章重点论述农地发展权价格内涵，系统总结了当前国内外农地发展权价格估算方面的主要方法，以湖北省部分地区为例，尝试用 CVM 法测度可开发农地的价格，并进而对农地发展权估价进行实证研究，为下文补偿标准的制定奠定基础。

第一节　农地发展权价格内涵

以科斯为代表的新制度经济学把市场理解为交易者进行产权交易的组织平台，认为市场交易的不仅仅是实物（商品），而且更是实物表象下的产权。阿尔钦、菲吕博腾、配杰威齐也认为，价格如何决定的问题，实质上是产权应如何界定与交换以及应采取怎样的形式的问题，任何物品的交换价值都取决于交易中包含的产权[①]。

从大多数理论研究中看，产权（property rights）就是财产权（property rights）的简称。产权只有得到明确的界定，才能进入市场，

---

① 王万山：《广义价格纲论》，《当代经济科学》2004 年第 4 期，第 43—48 页。

才能具有价格，否则任何人都可以获得该产权的专有收益，就会产生"公地悲哀"，因此，明确界定产权是形成产权价格的前提。产权学派的代表人物登姆塞茨曾明确地把价格视为一种权利的价值，"当一种交易在市场中议定时，就发生了两束权利的交换，权利束常常附着在一种有形的物品或服务上，但是，正是权利的价值决定了所交换的物品价值……"（杨勇，2006），该观点正是从市场机制的角度分析了产权价格的实质，研究了市场上某种产权的价值决定因素，并将产权与研究对象（用途）联系起来。

根据以上分析，只有当某种土地产权得到明确界定并依附于特定对象上时才能在市场上交易并实现其价值。土地权利是针对土地这一特定物在某一利用方面的权利界定（周建春，2005）。由于现代经济理论中及现实中的土地产权是以个人利益最大化为目的而界定的，产权、土地及其产出物，只有在转换成消费者有用、喜爱并支付价款的物品和劳务时，才具有经济价值（周建春，2005）；因此，每一种土地权利都对应于各自用途所带来的不同大小的土地收益，并且能给土地所有者带来不同的可消费或资本支出的能力，此时，这个收益的资本化表现形式就是该权利的权利价格。土地产权价格就是土地权利所能获得某种用途收益的货币表现，并以该权利能获得相应的收益回报为内容。从产权价值角度讲，农地产权人权利本身的价值不是由农地资源成本决定，而是由产权人在"值"的条件下，放弃使用土地的经济补偿（Andrew，2001）。

依据现有分类体系，农地价值存在多种不同的构成类型，如分为使用价值与非使用价值，或者使用价值、存在价值、选择价值，或者分为市场价值与非市场价值等，这些都是学者对于"完整实现"的农地价值的不同理解；事实上，任何一块农地上都存在发展权价格（王万茂，2006），而我国当前研究农地价值时多数只关注农地经济产出价值，即通过市场交易能实现的农地农业用途价值部分，忽略了农地本身所具有的未来开发能实现的发展权价值，必将导致农地价值理论研究的偏差、影响国家土地管理工作的开展及政策实施效果。

　　根据西方土地发展权制度设计，国外可转移发展权购买是通过比较保留发展权农地的市场价值与发展权受限或已无发展权的农地农业价值的差价来衡量农地发展权价值。国外有"农地发展权的价格等于农地转为建设用地后的价格扣除原农业用途土地价格的余额"的观点等（周建春，2005）。美国土地发展权价格计算公式是把土地发展权转换成土地发展权受让区一定的建筑密度，各地都有一个基本的计算公式，当综合评估该土地适合土地发展权征购后，由农业（资源）保护委员会最终确定土地发展权价格（刘国臻，2007）。在英国，如果政府土地使用计划变更导致私有土地使用类别变更而降低土地的价值时，政府应按地价降低所造成损失的数额予以赔偿，土地发展权的价值以变更使用后自然增长的价值计算（柴强，1993）。

　　国外学者对农地发展权价格估算有一套较为成熟、完善的理论方法，即通过正常市场条件下未来具有开发潜力的农地价值与农地现有用途价值之差来衡量农地发展权价值（Andrew，2001；David，2002），农地发展权价值被认为是在开放市场上最高最佳用途下产权价值与其农业当前用途价值之差（Thomas，2001），这正是基于农地发展权定义所得到的较完整的发展权价格内涵。中国并未设置农地发展权，考虑到我国当前的农地制度特点及土地市场的发展状况，国内学者在具体测算发展权价格时绝大多数仅通过农地改变用途后的建设用地市场价格与农地农业价值之差来测算，即农地用途转换所带来的增值来衡量农地发展权价值（周建春，2005；石强，2007；郭熙保，2006；王万茂，2006）。国内外学者所提出农地发展权内涵的区别就在于究竟是采用建设用地价格还是有开发潜力农地价格来进行农地发展权估价，依据土地价值之差进行定价是当前国内外农地发展权估价的主要方法（臧俊梅，2007；任艳胜，2009）。

　　可开发地块比已转化为其他用途的农地更适合估算农地发展权价值（David，2002），因此，根据农地发展权内涵及已有研究，本书农地发展权价格含义为农地可开发转为不同用途带来增值收益的价值，在市场经济中，这种开发主要是指用于非农建设用地的最高用途开发，农地发展权价值可以通过农地最高（用途）回报价值与农地农业用途价值之差来衡量①。农地发展权价值是农地未来开发超额地租的折现价值②，也是开放市场上土地所有者出售产权所得到的自然增值（unearned increment）（Thomas，2001）。

其中，前者就是正常条件下解除规划管制、具有开发潜力、能完全实现产权价值、可转为非农建设用途的可开发农地市场价值，主要由农地（农业用途）价值和农地发展权价值两部分综合构成（Veseth，1979；Andrew，2001），在市场经济条件下，该价值具有最高（非农）用途回报，但在我国当前不能通过市场得以实现，对该地块的准确评估将直接影响到农地发展权估价；后者是农地上农作物经济产出价值，即农地农业用途价值。

农地发展权价格也就是农地发展权的交换价格，它属于土地发展权价格的一部分，在我国，它是资源配置过程中稀缺性土地资源的货币表现，决定了农地产权人所能拥有的农地未来收益的大小。

第二节　农地发展权价格形成机理

国外学者认为，对于一个产权有价值来说必须有效用（使用）、稀缺性（可获得上的限制）、愿望（需求）以及有效购买力（合理的价格）这四个相互独立的经济因素，在可转移发展权（TDR）项目中，正是这些因素影响并创造了所有 TDR 的市场价值（John，1997）。

国内学者对农地发展权价格形成机理方面的研究中，孙弘（2004）及张友安（2006）从土地发展权经济本质，即土地发展权创设成本和权力垄断、土地利用方式改变带来的收益增量以及用途和容积率改变带来土地收益的变化等方面进行阐述。汤芳（2005）从土地价格形成理论的基础，如农地发展权价格的产生、农地发展权的供

---

① Thomas L. D. , "Coordinating Opposite Approuches to Managing Urban Growth and Curbing Sprawl", *American Journal of Economics and Sociology*, Vol. 60, No. 1, 2001, pp. 229—243.

② Andrew J. Plantinga, Douglas J. Miller, "Agricultural Value and Value of Rights to Future Land Development", *Land Economics*, February 2001, pp. 56—67.

给与需求诱因等方面进行分析。范辉（2006）结合农地发展权的形成机理，从土地用途多样性、人地矛盾逐步激化、城市规划和土地利用规划的实施、建设用地与农用地的价格差异等方面进行研究。

本书综合分析了上述关于农地发展权价格形成机理方面的研究，主要从农地发展权内涵、规划管制、土地资源稀缺性及其配置等角度探讨了农地发展权价格的形成机理。

一　依据农地发展权内涵分析

不同的土地权利在市场中表现出不同的产权价格，并能为其权利所有者带来不同的收益。农地发展权本质上主要是指农地未来可转为建设用地等其他不同用途的权利，这些预期土地增值收益的价值表现形式即为农地发展权价格。根据对农地发展权内涵分析，农地发展权要求可能发生土地利用方式的改变，这涉及土地利用方式，即用途、开发强度（规模）等指标，这些指标的变化会带来预期增加的土地纯收益，进而引起农地发展权价格的变化。同时，随着我国经济发展与环保力度的加大，农地发展权内涵也将发生变化，如考虑开发容积率、土地利用结构调整等变化所导致的农地发展权价格变化。另外，规划是农地发展权产生的基础，规划等对农地开发造成的限制创设了不同的农地发展权，最终的农地发展权价格正是被限制的土地权利在市场上能获得收益的货币表现。结合以上分析，可以说，农地发展权内涵正是农地发展权价格形成或变化的根源所在。

二　规划及土地用途管制制度的实施

政府制定的（土地利用）规划以其技术性、技术特质成为农地发展权的技术保障，从而使农地发展权具有明确的量化的物质内容，因此，如果没有规划的具体化就不会有具体的定量化与价格化的农地发展权（孙弘，2004）。规划主要包括城市、乡镇建设规划与土地利用规划，确立了农地发展权的空间格局（郭勇，2007）。一般城市、乡镇建设规划都确定了规划期间内城乡建设用地增量、不同区域土地开发力度、区位，甚至具体区片的用途转用目标；土地利用规划确定了不同区域农业用地、建设用地需求量、供给量，区域内土地利用结构及布局，各类用地配置等；土地用途管制也对不同区域内改变土地用途、大规模调整农业生产结构、扩大建设用地增量等土地利用活动产生法律限制；以上这些规划及政府管制必将影响不同区域内农地未来收益并促成农地发展权产生及流转，最终影响到不同地区农地发展权价格的高低，因此规划及土地用途管制制度是农地发展权价格形成变化的前提与技术保障。

三 土地资源的稀缺性及其配置

我国当前正处在经济转型和城市化快速推进阶段，由于土地资源稀缺性和供给数量有限性，城市扩展与以耕地为主的农地资源保护矛盾突出，形势日益严峻。为了实现社会发展目标，保持经济稳定、协调发展，国家需要根据各地经济条件及农地供需状况，分别采取行政、市场配置等方式集约利用土地，并通过设置农地发展权更好地保护农地资源、维持自然生态环境，调控不同区域土地开发。农地发展权价格的确定与政府利用土地发展权进行土地开发调控的目标指向有关（孙弘，2004），土地资源的稀缺性及其配置要求会在很大程度上对不同区域内农地开发利用目标的实现产生影响，造成不同区域内农地开发价值的差异，最终导致各区域之间农地发展权价格的差异，因此土地资源的稀缺及其配置要求是农地发展权价格形成变化的物质基础。

四 城乡土地之间的供需关系

John（1997）认为，TDR 的市场价值就是发展权市场上销售者和购买者之间关于产权价值所达成的均衡价格。从概念上看，农地发展权购买者和销售者组成的市场构建了农地发展权的实际价值[1]。在可转移发展权（TDR）估价中一个关键考虑就是对它们市场的一个理

---

① Patricia L. Machemer, "Policy Analysis of Transferable Development Rights Programming: Using Geographic Information Systems Modeling", *Landscape Journal*, No. 25, 2006, pp. 2—6.

解，一个（农地发展权）项目设计如果没有了发展权市场需求，也就没有了发展权的市场价值。

随着城市化进程的加快，城镇需要越来越多的建设用地来发展基础设施、公共设施和住宅等。为了稳定国民经济发展，保障国家的粮食安全，必须保证有相当数量的耕地面积，同时，由于农地供给缺乏弹性，这导致了今后城乡之间土地供需矛盾将会逐步激化。按照土地价格形成理论，土地市场遵循一般商品的供求规律，地价上升，则供给下降，而需求下降，则供给减少，需求增加。虽然我国当前并未设置农地发展权及其交易市场，但实际上城乡之间是存在着"隐形"的土地供需市场，政府通过相关政策措施在不同区域之间调控可开发土地数量，在一定时间、空间范围内解决城乡土地的供需矛盾，最终会形成一个均衡的农地发展权价格。因此，城乡之间的土地供需状况将是农地发展权价格形成与变化的决定因素。

第三节　农地发展权价格影响因素

在农地发展权价格影响因素方面的研究中，孙弘（2004）从位置、用途、容积率三个方面进行分析；汤芳（2005）从土地自然、社会经济、政治三方面分析了影响发展权价格的因素；范辉（2006）从农用地价格、建设用地价格、区位因素、城市发展定位、城镇土地的供需矛盾等方面来分析；张友安（2006）从土地利用规划、位置、用途、容积率四个方面进行分析。本书综合以上分析，从预期地租、政府规划、农地与非农用地价格变化以及区域开发的政策环境等多个方面综合分析农地发展权价格的影响因素。

一　未来纯地租大小

土地权利所带来的未来收益的大小，决定了这一土地权利的价格高低（周建春，2005）。根据国内外有关研究（Chavooshian，1975；John，1997；Cynthia，2001；David，2002；石强，2007；王海鸿，2007）以及农地发展权价格定义，农地上预期地租收入的大小将直接影响该农地发展权价值的高低；因此，从未来纯地租方面研究农地发展权价格需要综合分析农业地租、利率、转化成本、距离城镇中心距离、人口变化等影响因素（Andrew，2001），同时也要充分考虑区位、农地形状以及地块是否具有开发压力等对农地发展权价值的影响①，最终选择最佳转用时机保证农地开发后预期地租最大化，从而完全实现农地发展权价值。

二　规划

国内外研究基本都认为，规划是农地发展权创设产生的基础或依据。土地利用规划是对一定区域未来土地利用超前性的计划和安排，是依据区域经济发展和土地的自然历史特性，在时空上进行土地资源分配和合理组织土地利用的综合技术经济措施。农地发展权的物质构成是以土地规划为依据，规划创设了土地发展权。英国土地发展权国有化运作必须符合计划许可实行土地开发许可制。美国可转移土地发展权运作中用 TDR 促进土地利用规划的实施。若无限制，则无土地发展权一说（黄祖辉，2002）。

农地发展权的计量是以预期获得的经济利益及因受到开发限制而遭受的经济损失量为依据，土地利用规划则为农地发展权数量化和货币化提供规划限定的高度、密度、容积率的具体数据（郭勇，2007）。土地利用规划的技术规范及标准限制了区域内可供开发的土地数量、土地开发进程，切实保护了农业用地及自然保护区等，这些活动设定了农地发展权的规模和范围，明确了土地开发的空间格局，在不同区位土地上配置了不同的农地发展权。如果没有规划的具体化，就不会有具体的定量化与价格化的农地发展权，因此，政府编制的土地利用规划、城乡建设规划等成了农地发展权创设乃至其价格形成的前提，规划变动及调整必然使不同区位之间的农地地价发生变

---

① Rosenberg 认为，一个区域内农地发展权价格变化主要依赖于区位以及宗地形状；类似观点看孙弘（2004）等。同时，J. P. Peter（1978）认为，如果当地没有实际或潜在的开发压力，土地价值就是它的使用价值，因为没有额外的投机价值（speculative value），该地块的发展权价值就接近于零。

化，进而影响到不同区位上农地发展权价格的高低。

三　农地经济产出价格与农地可开发用途价格

农地发展权价格实质上是未来农地利用方式改变后的地价与现状利用方式下的土地价格之差，因此，农用地变更用途之前的农用地价格直接影响着农地发展权价格的高低。总体看来，尽管土地现状用途下的农地农用价格较低，一定时期、一定区域内各地块的农地农业产出价值相对比较固定，对各地块的农地发展权价格影响有限，有关学者正是根据这一特性来估算农地发展权价格（Andrew，2001），但如果要更准确地分析农地发展权价格高低，就必须充分考虑农地经济产出价格与其影响因素（David，2002）。

在分析农地可开发用途价格影响因素时，除了分析区位、用途之外还需要考虑用地的容积率及土地开发程度等。农地可开发用途价格的高低在很大程度上影响着农地发展权价格的高低；同一宗地未来分别作为工业、住宅和商业用地在土地价格上会存在很大的差异，会对该地块上的农地发展权价格产生不同的影响；人们对未来可转用的农地价格存在不同程度的预期，这些理性预期会对可开发农地价格的形成等产生较大程度的影响，从而最终影响到农地发展权价格的高低。因此，农地尤其是可开发农地用途价格的波动直接和农地发展权价格变化相联系，是影响农地发展权价格的重要因素，分析影响这两类土地价格变化的因素最终能达到测算农地发展权价格的目的。

四　区域内土地开发的政策环境

在阐释分区与农地发展权流转时，政府的实际或潜在权力（直接或间接的）是影响农地开发和农地价值的重要因素。即便在存在农地发展权流转市场的国家里，政府的每一个举措都比其他任何因素（包括市场参与的基本行为）更加影响产权开发及其价值变化，政府所设立的政策机制等对农地发展权价格产生了重要影响。在区域性发展政策环境下，不同区域之间人口、资金、技术等经济要素相互自由流动，不同区域内的经济行为只能在政府及市场设定的经济活动空间内进行，在市场机制下，各种经济主体依据区域内的土地开发政策决策，这势必造成不同区位、不同用途的农地开发变动，导致区域之间土地纯收益差异很大，最终影响到不同区域农地发展权价格的变化。

第四节 农地发展权估价方法

一 依据产权收益确定

农地发展权价值的高低取决于未来农地增值收益的高低，这类方法主要是以产权的超额地租作为农地发展权价值的决定因素。Wiebe（1996）认为，采用"收益法"（the income approach）估算农地发展权价格的思路是建立在对留置发展权前后土地最高最佳用途下所产生收益的资本化分析基础之上，该方法需要有关未来农地转变用途的成本、收益回报、资本化率（还原利率）等因素信息。

传统估算土地发展权的方法就是比较土地被赋予发展权前后的价值差额，依据农地发展权内涵，如果从土地的市场价值中扣除土地的农地（种植）价值，这之间的差额将会是农地发展权（土地开发潜力）价值（Peter，1978）。从理论上讲，根据发展权定义估算土地发展权价格的方法是完美的。美国马里兰大学 David（2002）在其博士论文《土地利用变化空间经济模型与保护性战略》里系统研究了 Sonoma 市土地发展权定价问题，作者定义农地发展权价值为农地更高用途下价值与土地当前用途价值和转化成本之差，即未限制开发农地与开发受限农地价值之间的：$E(z,p,g,r) = \int_{t^*}^{\infty} [R_L(t,z,p,g,r) - R_0(t,z,r,p)] e^{-rt} dt - C(z)e^{-rt^*}$，其中 R_L 代表更高用途下的回报，R_0 代表现用途下的回报，t^* 代表流转转化时间，p 代表各农业产出品价格，g 代表人口及收入的地区增长，r 代表回报年利率。等式右边分别代表到转化时刻 t^* 时更高价值用途下未来回报的现值、当前用途回报的现值以及从用途转变 t^* 时折算到现在的转化成本。该模型并未进行实证分析，忽略了许多在实际中起作用的因素，只是一个简单的表达式。

二　依据市场销售对比确定

这类方法又称市场销售比较法（comparable sales approach），被认为是活跃市场上最精确的价格评估方法（Wiebe，1996），主要通过对市场上具有相同价值成分的类似产权特征等进行分析最终确定发展权市场价格。该方法受到估价者对产权对比双方的差异认识的影响较大，对市场上土地价值或发展权交易价格数据要求较高，但估价结果更为准确，是目前国外比较流行的土地发展权价值估算方法。在运用市场销售比较法进行农地发展权估价时涉及对产权比较双方异同特征的准确分析（Henry，1975），需要拥有相似地块上保护性管理权（conservation easement）的价格数据，这是准确估算发展权价值的重要保证，也是我们分析销售比较法时要重点考虑的内容。

三　市场供需定价模型估算

发展权价格的形成受到发展权供需的影响（Peter，1978；John，1997），市场上发展权数量变化必然导致最终的发展权成交价格差别很大。Peter（1978）认为，发展权价格形成于意愿购买者与愿意销售者之间的谈判当中，农地发展权的价值就存在于可转移发展权市场的变动当中，发展权交易市场表现为发展权银行①。Dale（1981）根据发展权释放方与接受方土地产权之间的供求关系来构建发展权定价模型，得到产权接受区住房开发者（需求方）的单位可转移发展权（TDR）价格变动范围以及 RDR 区（供给方）土地所有者的单位 TDR 价格变动范围，并通过发展权供需量变化最终确定出发展权均衡价格，由此确定的发展权市场价格是买卖双方都能接受的价格，应该是土地产权最高最佳用途下的价值表现②。Patricia（2006）认为，如果是从概念上谈可转移发展权（TDR），则购买者和销售者组成的市场

① John（1997）认为，很多情况下农地发展权银行就是农地发展权交易市场。

② Thomas J. Konency，*Restricted Appraisal Report*，Proposed Land Banking Sale W1/2 - NW1/4，Sec. 36，T27N - R23W，Haskill Mountain. Flathead County，Montana July 21，2005.

构建了发展权的实际价值。作者分析了销售者对发展权的最低要求价，确定出政府项目下任何发展权最高价值应是土地所有者的要价或者是土地公平市场价值与土地农业价值之间的差额，最终的农地发展权均衡价格以区间形式存在并随时间变动。

四 依据影响产权价格因素的量化分析确定

该方法即为 points-based method（Lawrence，2003），主要包括以下两种方法：

第一，农业地租恒定的定价模型

农地发展权价值是土地未来开发的超额地租折现值，在农业产出价值相对比较稳定的情况下，要定量农地发展权价值应该重点分析限制土地开发价值的因素，这符合发展权价格的基本原理，易于接受。

农业地租预期不变情况下，Andrew（2001）用非线性函数研究了纽约附近的 Orange 县土地发展权价值与解释变量之间的关系，i 地 t 时间亩均未限制农地价值 P_{it} 表示为：

$$P_{it} = \partial_{0t} + \partial_1 AR_{it} + \partial_2 PC_{it} + \partial_3 TT1_{it} + \partial_4 PC2_{it} + \partial_5 TT2_{it} + \beta_{11}(AR_{it})^2 +$$
$$\beta_{22}(PC1_{it})^2 + \beta_{33}(TT1_{it})^2 + \beta_{44}(PC2_{it})^2 + \beta_{55}(TT2_{it})^2 + \gamma_{12}AR_{it}PC1_{it} +$$
$$\gamma_{13}AR_{it}TT1_{it} + \gamma_{14}AR_{it}PC2_{it} + \gamma_{15}AR_{it}TT2_{it} + \gamma_{23}PC1_{it}TT1_{it} + \gamma_{24}PC1_{it}PC2_{it} +$$
$$\gamma_{25}PC1_{it}TT2_{it} + \gamma_{24}PC1_{it}PC2_{it} + \gamma_{25}PC1_{it}TT2_{it} + \gamma_{34}TT1_{it}PC2_{it} +$$
$$\gamma_{35}TT1_{it}TT2_{it} + \gamma_{45}PC2_{it}TT2_{it} + \varepsilon_{it}$$

其中，AR_{it} 代表农地每年每亩平均纯收益，$PC1_{it}$ 代表最近市区的人口变化，$TT1_{it}$ 是从 i 地到达市地理中心的旅行时间，$PC2_{it}$、$TT2_{it}$ 分别代表距离第二近的市中心人口变化及到该中心的时间，最终的农地发展权价值函数为：$VDR_i = P_i - A/r$，文中用 A 表示全市长期农业平均纯收入。

计算结果揭示出了纽约市中心对土地发展权价值的影响，用该方法估算出的土地发展权价值可作为发展权的基础价格，借助于 GIS 等信息系统能实现对发展权价格的空间分析并计算出连片地块的发展权价值，但它没能考虑土地农业价值对发展权价格的影响，忽略了很多实际上对价值起作用的其他因素。

第二，考虑农地农业价值影响因素的定价模型

农地发展权价值并不只取决于未限制开发的土地价值，综合分析对土地开发价值及限制用途价值（农地农业用途价值）产生影响的因素，就能尽可能避免变量考虑不全所造成的发展权估价偏差。David（2002）采用 Hedonic 价值模型研究美国 Marin 县 CA 地区可开发土地的发展权价格。对两种土地价值产生影响的因素包括：宗地面积（尺寸）、宗地高程、宗地坡度、原有农作物生长温度天数、地块到达 Marin 市的时间、农地类型（按照各地土壤质量从高到低分为四类）；单独对土地开发价值产生影响的因素是作为虚拟变量的分区种类（多样化农业、粗放农业、农村居住、集约农业四种类型）；对限制开发土地价格产生影响的因素主要指到达 Marin 县的时间和到达 Santa Ro-sa 的时间两个变量。通过对本书中所选变量的定性定量分析，分别建立农地价值模型，可表示为：

$$\ln(P_i/A_i) = \beta_0 + \sum_{j=1}^{m} \beta_j x_{ij} , \ln(Q_i/A_i) = \partial_0 + \sum_{j=1}^{m} \partial_j y_{ij}$$

，其中 P_i 代表未限制开发宗地 i 的价格，Q_i 代表限制开发土地 i 的价格（价格数据都来源于市场交易统计），A_i 代表宗地面积，x_{ij}、y_{ij} 分别代表各影响因素，则 i 地发展权价格 $VDR_i = P_i - Q_i$。研究最终得到了区域内中心绿化地带、扩展绿化地带、牧场、栎木林地以及针叶树林地每英亩土地发展权的平均价值。

五 依据 CVM 法估算

此类方法特别适用于估算相邻多片土地的发展权价格。消费者对某物品的最大支付意愿作为该消费者的保留价格，是消费者对某商品刚好愿意支付的价格，可将其作为某物品的市场价格。Bethany（2004）调查了乔治亚州部分农户销售土地发展权的接受意愿（WTA）以及城市居民购买的支付意愿（WTP），通过对农户每亩农地 WTA 价值的调查分析了农地保护的政府、私人项目资金额。考虑农户 i 的特征向量 x_i 如参与者年龄、性别、最高教育水平、家庭收入水平、种田时间、家庭农田面积等因素对农户接受意愿价值的影响，

作者采用 Probit 模型及 $\hat{WTA_i} = \hat{\beta}x_i$ 估算出农户 i 对地块发展权的 WTA_i 价值，同时把家庭农业支出比例、农地区位两变量也作为虚拟变量纳入模型，通过估算所有农户对应的 WTA_i，最终估算出的 WTA 平均价值就是土地发展权价值，实证结果表明，基于模型估算的农户 WTA 价值非常接近已出售的农地发展权交易价格。除此之外，也有学者采取一定方法粗略地探讨了 WTP、WTA 及土地发展权价格之间的关系。

第五节　农地发展权定价的实证分析

一　定价方法对比及选择

（一）定价方法对比

农地发展权估价是一个较前沿且颇具挑战性的研究，日益受到国内外学者的重视与关注。国内现有研究多数通过建设用地价格扣除农地经济产出价值（或加转用成本）等途径进行估算（汤芳，2005；范辉，2006），但其总体上对农地发展权及农地发展权价值内涵理解并不完整，未完全准确估算出农地发展权的价值。根据上一节总结，国外农地发展权定价方面研究较成熟，为确定出符合研究需要、最佳的定价方法，需要对上节各种主要定价方法进行对比，综合选择。

第一种方法是产权收益法。该方法通过将具有开发潜力、完全产权农地纯收益与农地当前经济产出纯收益之差的折现值来衡量，通过对不同土地产权的开发时机、开发后的地租存在不确定性等进行假定，选取合适的参数进行计算，适合作为发展权定价的基本原理。其最明显的特点是明确了发展权价值是如何形成的，能够较准确反映农地发展权价值内涵，可以作为土地发展权估价的基本理论模型，也是农地发展权估价的传统方法之一。但在农地纯收益或者收益流难以测算时采用此方法，估价就将变得非常困难，农地预期收益的确定问题将直接决定收益法产生结论的准确性。

第二种方法是市场法。主要包括市场销售对比、市场供需定价两种方法，前种方法主要建立在产权参照对象和被评估产权相同的价值成分基础上，依赖发展权价格形成的替代原理，通过对影响农地发展权价格因素，如产权特征、销售时机等的综合分析调整被估发展权的价格。使用该方法的问题在于估价者对产权价格的调整并不一定合理，所需对比实例的数量也并不明确，参考的实例数据可能只反映部分发展权价值且价值并非都在土地最佳转化时机实现，该方法受限于发展权交易价格的数据质量，而这些数据的完整获取存在一定困难。发展权价格受到发展权供需双方各自意愿的影响较大，后种方法主要通过对市场上发展权供需分析等确定发展权价格，该方法将发展权供需分析等纳入发展权定价研究框架，是拓展发展权定价的经验性研究，对进一步深入研究发展权定价具有借鉴意义。

第三种方法是特征价格法（Hedonic 法）。在缺乏农地发展权交易价格数据情况下，这类方法主要依据影响产权价格因素的量化分析确定。采用 Hedonic 土地价值模型，选择各种影响发展权价格的因素，如距离、人口、经济发展水平等，依据其量化关系采取适当的函数形式测算可开发地块（developable parcels）价格及农地农用价格，进而确定出农块上的发展权价格。该方法不依赖已有的发展权交易市场进行，分析结果的准确性受限于调查之外数据的有效性，对变量选择及数据质量要求较高。

第四种方法是意愿调查法（CVM）。该方法通过分析农户销售发展权的预期 WTA 或 WTP 来确定农地发展权价格，在不同农户的意愿与其个人及家庭特征、农地自然状况等之间建立函数关系，然后求出整个区域内所有农地地块发展权价值，并以所有农地发展权价格平均值作为农地发展权价值标准。该方法在很大程度上反映了农户自身对发展权经济价值的认知，拓展了 CVM 方法的研究领域。但有研究认为，公众 WTP 的估算价值常常会略少于发展权的价值（Verne，1998），同时，人们本身对意愿调查法及农地发展权价格内涵理解等偏差将可能导致采用该方法产生大量的偏差。

（二）估价方法选择

我国当前并未设置农地发展权，也就不存在农地发展权交易市场，因此第二种市场法不能被采用。采用第一种产权收益法时必然涉及对完全产权农地的预期纯收益进行估算，而未来不同地块纯收益的实现存在着很多不确定性；此外，参数的选定、最佳开发时机的选择等都需要做出很多假设，这些假定及分析是否合适等都还值得商榷，因此，采用该方法估价时准确性、可行性不高。

第三种特征价格法需要研究区域内各种主要自然、社会经济条件资料及相关部门数据。我国农地产权市场并不完善，农地所有权不能自由买卖，还不能够在市场上显化可开发性、完全产权农地的价值，很难确定完全产权的农地市场价值；即便有些地方条件允许，存在一些土地产权交易案例，也很难为实证研究提供较大容量的农地价格数据；我国城乡土地制度的特殊性及缺乏农地交易实例等在很大程度上限制了国外广泛采用诸如 Hedonic 法等数理模型方法；同时，政府分区及政策影响、人类理性预期及判断差异等也存在很大不确定性，这些都使得用传统 Hedonic 法评估农地价格变得非常困难，因此当前在我国选择该方法进行发展权估价也并不是非常合适。

此外，尽管国外学者有选择第四种意愿调查法（CVM）中的 WTA 来估算农地发展权价格，但由于我国并未设置农地发展权，有关发展权内涵及其归属等问题仍未有定论，民众对入户调查方式仍然十分陌生，即便在调查过程中采用多种方法减少各种误差，农民也很难理解并准确反映自身对发展权的支付（接受）意愿，因此，采用第四种 CVM 法直接估算农地发展权价格也并不适合我国当前国情。

根据以上对各定价方法的对比分析，农地发展权定价之所以在我国目前研究不多，一方面可能与我国并未设置农地发展权、人们对农地发展权认识不深等有关，另一方面也可能是国外常用的农地发展权定价方法并不完全适合我国当前现实条件，这就需要我们结合我国国情，明确农地发展权内涵并对发展权估价技术及方法进行创新与改进。

根据农地发展权价格内涵及以上分析，在农地经济产出价值随时间变化不大的情况下，农地发展权价格高低主要取决于农地未来开发纯收益的大小，即要看能否实现土地开发价值最大化、具有最高的用途回报，这符合预期（收益）原理；比较而言，农地经济产出价值的测算在我国研究已非常成熟，因此，农地发展权估价的重点就在于对具有"可开发性"（developable）潜力、解除规划管制、能实现完全产权的农地价格评估，这是农地发展权估价的核心问题。

可开发土地价值具有的开发不确定性因素应该被资本化到对可开发地块的支付意愿上（David，2002）；同时，缺乏市场的农地本身具有准公共品性质，相比较农地发展权，受访者更容易理解并对农地价值做出准确衡量，而且研究也需要测算大片相邻地块的农地发展权总价值；因此，综合以上分析，采用 CVM 法来估算可开发农地价值而不是农地发展权价值显然更为合适。

基于以上研究，我们宁愿选择用 CVM 来估算区域内可开发农地的价值，将整体农户对农地最大平均支付（接受）意愿作为衡量农地价值的标准，该值就是理论上的并且与完全竞争市场上具有完全产权、可充分开发的农地市场价格非常相近的农地价格，依据该价格可最终确定出农地发展权价格。该思路决定了本书的重点研究内容与基本分析框架。

二　理论基础

在现代市场经济社会中，人们所能接受并有现实支付能力的市场价格就成为衡量一切生产产品和自然资源的市场价值的标准。当市场不存在或发育不完全或没有可供替代的市场时，产品/服务无价格的情况下，可使用意愿调查法（CVM），它已经被成功地运用到对尚未使用的商品的定价上（赵铁珍，2005）。CVM 目前广泛运用的领域中有大量物品具有公共产品或准公共产品特征（黄金辉，2007），是适用范围最广泛的一种研究方法，也是迄今唯一能够获知与环境物品有关的全部使用价值和非使用价值的方法（张琦，2004）。

CVM 属于陈述性偏好价值评估技术（stated preference method），理论基础就是效用价值理论和消费者剩余理论，CVM 的评估不需要存在真实的市场，而是假设一个市场采用问卷调查直接询问人们在模拟市场中对某项物品（服务）的支付意愿或放弃某项物品（服务）功能的接受意愿，以此揭示被调查者对环境物品和服务的偏好，从而最终得到物品或服务的价值（邓崧，2008），可以直接得到理论上效用变化的正确货币计量（曹建华，2003），该方法起源于美国，目前已在欧美发达国家得到广泛的认可与使用。

条件价值法目前已广泛应用于国家公园效益、环境恢复和环境改善、生态评估、交通安全、医疗卫生、食品安全等领域。如运用于分析国家公园的经济效益（Lockwood，1995；Batem，1997；Hadker，1997；吴佩瑛，2001）、水质改善的经济效益（刘锦添，1990；吴佩瑛，1995；萧代基，1998）、热带雨林的保育价值（Albers，1996；Krame，1997；Carson，1998；王昭正，2001）、生态评估（薛达元，1999；张志强，2002；杨凯，2005）、废弃物回收及噪音（金建君，2005；黄雅玲，2003；邓浩强，2007）、交通安全（林逢春，2005）、医疗卫生（黄雅玲，2003；金健君，2005）、食品安全及支付研究（宣亚南，2005；周应恒，2006）等方面，随着国内民众对 CVM 了解程度的提高以及该领域研究的不断深入，条件价值法可研究的领域不断扩大，逐步走向成熟和完善。条件价值评估法研究在我国大陆目前处在初步探索阶段，绝大多数研究的应用范围较有限，因此，如何拓宽 CVM 方法运用的领域，尽量减少条件价值法运用中存在的误差，提高评估结果的准确性等是我们当前乃至以后研究的重点，也将是推动条件价值法不断向前持续发展的关键所在。

希望拥有农地未来开发收益的人们在购买土地产权时一般必须支付一定将来收入的预付，在缺乏数据支持情况下依据 CVM 方法构建假想市场可以获知人们对某物品的支付意愿或接受意愿价值。农地发展权的设置是为了保护农地促进环境保护，具有一定公共产品属性。同时，缺乏市场的农地具有准公共品性质可作为一种类似于"环境资源"的公共物品和服务，具有公共性特征[①]，因此，借鉴环境资源经济评价中通过对环境物品变化的偏好分析从而推导出环境物品变化价值的方法，本书用 CVM 法构建农地交易假想市场，尝试通过意愿调

---

① 刘国臻：《论英国土地发展权制度及其对我国的启示》，《法学评论》2008 年第 4 期，第 141—146 页。

查来重点估价"开发未受限"（developable）农地，其经济学基础如下：

假设农地购买者的间接效用函数表示为 $U_n(x,q,y,s,\varepsilon)$，意味着其效用取决于市场交换的商品 x，市场上不能交易的农地 q，农地购买者的收入状况 y，所有者的其他社会经济特征 s，以及包含个人偏好误差和测量误差 ε 等在内的随机项。根据 Hicks 理论，现假设购买者拥有的农地数量 q 由 q_m 转变为 q_n，这种变化是一种积极改进，在其他条件一定的情况下，则需要有：$U_n(x,q_n,y,s,\varepsilon) \geq U_m(x,q_m,y,s,\varepsilon)$；要这种改进得以实现，往往需要购买者支付一定资金。农地购买者有权得到这一福利（效用）的改进，欲使其放弃 Δq 的改善，就必须对他们进行相应的经济补偿。

CVM 就是通过问卷调查的方式揭示消费者偏好，实现不同农地所有状态下消费者的等效用点：$U_n(q_n,y-C,s,\varepsilon) = U_m(q_m,y,s,\varepsilon)$ 或 $U_n(q,y,s,\varepsilon) = U_m(q_m,y+H,s,\varepsilon)$；根据 Hikcs 消费者剩余理论，为维持消费者福利水平，农地数量变化所对应的价值 C_i 表示购买者需要支付的最大的经济补偿（WTP），这是维持其福利水平不至于降低需要支付的最大货币金额，H_j 表示购买者需要得到的最小的经济补偿（WTA），是维持其福利水平不至于降低需要接受的最小货币金额。

WTP 是人们在选择商品、知识水平以及收入高低方面的一种反映（邓崧，2008），它可用以表达一切商品、效用或服务的价格，是资源效益评估的根本；目前，支付意愿已被美、英等西方国家的法规和标准规定为资源及环境效益评估的标准指标，并用来评估各种资源和环境的价值（刘青，2007），也就是说，在运用 CVM 估算环境物品或服务价值时，国际上一般采取 WTP 来作为价值度量。尽管国外相关研究有采用 WTA 来估算环境物品或服务价值，但这需要更加准确、详细地描述模拟市场并增加受访者对假想市场的理解；同时，考虑到我国国情，采用 WTA 来测算农地价值将需要做出更多假设并可能会带来较大的偏差，因此本书倾向于选择 WTP 作为农地价值的衡量标准，以研究区域内农户对某种农地地类的算术平均支付意愿来作为对该地类农地价值的近似评价。

因此，根据研究，受访者对农地的支付意愿 C_i（WTP）可用以衡量可开发地块的农地价值，并作为"开发未受限、解除规划管制"的农地价值衡量标准；可开发农地价值扣除该农地的农业用途价值就得到其对应的农地发展权价格，这就是本书中农地发展权估价的基本书方法。

三 定价模型构建

（一）基本假设

采用意愿调查法测算可开发农地总价值进而求出区域内农地发展权总价值的方法符合一定理论基础及我国当前国情，但就整体估价思路来讲，模型构建必须对有关内容做出假定。

1. 假设区域内农地都具有开发潜力

确保估价时各农地块上的农地发展权价值能够实现是农地发展权估价的重要前提之一。随着我国城市化进程的加快，城镇郊区可能变成城市、农村腹地可能变成城郊，因此，可假设研究区域内所有农地在估价时都具有开发可能，农地发展都能实现，即在意愿调查时所有农地地块都可能向非农用途转化。只有这样，意愿调查所得到的农地价值才能充分反映被调查点上农地完全产权的市场价值，才能准确衡量出区域内农地发展权的真实价值。

2. 假设农地都是均质的，区域内地块之间的农地经济纯收益基本一致且随时间、地点变化不大

不同区位上农地质量、农地价值会存在一定差异，农地发展权价值可能会受到区位、经济发展水平、交通便捷度等因素影响，因此，基于研究需要与理论分析，可假设同一个研究区域内农地都是均质的，区域内农地价值大小具有一致性，忽略不同区域上农地价值的差异性；据此可以求出广大区域内平均农地发展权价值，可为下一步研究奠定基础，这也与有关学者的处理方法相符（周建春，2006；臧俊梅，2007；王永慧，2007）。

另外，假设相同区域内农地上农作物种植的纯收益差别不大，且

不随时间、地点波动，整体区域内农地产出价值基本保持一致，以此为基础可估算农地发展权价值，该思路也与国外农地发展权定价方面某些研究一致（Andrew，2001）。

3. 农地未来可能的用途转变不存在转换成本，农地发展权价值实现不受时间等因素影响

为了更加完整、准确地估算农地发展权价格，须假设区域内各农地地块未来可能的用途转变不存在转换成本。这也符合国内外定量研究农地发展权估价方面学者的做法，以此可最大程度衡量出农地发展权价值，减少各种成本因素等对农地发展权定价可能产生的影响。此外，农地发展权具有变动性，其价值估算也应考虑不同时点上农地发展权价值的差异，模型须假设估价时农地发展权价值实现及价值高低不受时间等因素影响，由此得到的结果就是可开发农地的完全的发展权价值。

（二）模型构建

根据理论分析模型假定，若 $E(WTP_{ij})$ 代表 i 区域内单位面积地类 j 算术平均支付意愿，l_{ij} 表示 i 区域内地类 j 占农地面积的比例系数，i 表示区域数，本书中共有两个区，n 代表区内农地的地类数，则功能区 i 内单位面积农地价值可表示为：

$$P_i = \sum_{i=1,j=1}^{i=2,j=n} \left[l_{ij} \times E(WTP_{ij}) \right] \qquad （1）式$$

农地农业用途价值即农地经济产出价值，其主要是以农地作物经济产出水平为价值决定因素，综合反映了农地综合潜在生产力水平，这部分价值可以通过市场交易得以实现，当前研究也比较成熟，主要通过收益还原法进行估价，该方法认为土地价格是土地收益，即地租的资本化，土地价格的高低取决于土地收益的大小。

若 A_{ij} 为区域 i 内 j 地类单位面积农业纯收益，代表农地还原利率，则区域 i 内第 j 类农地单位面积农业用途价值可表示为：

$$VA_{ij} = \frac{A_{ij}}{\gamma} \qquad （2）式$$

第 i 区域内地类 j 单位面积农地发展权价值 VDR_{ij} 可表示为：

$$VDR_{ij} = LDR_{ij} - V_{ij} = E(WTP_{ij}) - (A_{ij}/r) \quad (3)\ 式$$

这也是区域 i 内农地发展权价值的平均值。以功能区内各农地类面积占农地面积比例为权重加权求和，若整个区域 i 内农地面积为 s_i，

则 i 区域内农地发展权总价值可表示为：

$$VDR_i = s_i \times \sum_{i=1,j=1}^{i=2,j=n} (l_{ij} \times VDR_{ij}) \quad (4)\ 式$$

农地发展权价值评估应该明确农地发展权价值估算时点，该模型估算的是产权意义上农地发展权完整的经济价值，是无限期年份下某个区域内平均的农地发展权价值，并不涉及具体某个评估期限，所估算的平均发展权价值综合考虑了不同区位、不同条件状况下各地块发展权价值的差异，具有普遍意义。

四　实证分析

（一）样本区域的选取及说明

本书样本区域在湖北省内选取，考虑到区域的代表性和资料的可得性，基于后文主体功能区补偿（限制开发区和禁止开发区）研究的需要，具体区域主要包括宜昌中西部地区，即宜昌市辖区、夷陵区、宜都市、长阳、五峰、远安等县市，仙桃东南部地区，即仙桃市辖区及其南面、东面近 8 个乡镇，荆门东部地区，即荆门市辖区、沙洋县、钟祥市共 3 个县市。上述区域农地资源、社会经济条件特征等参看表 3－1。

虽然仙桃东南部和宜昌中西部地区在总体地形、土地利用效益及社会发展程度等方面相差较大，但这两个区域在人均 GDP、农业劳动生产率、经济增长率等指标以及人均耕地面积等指标上均较为接近，说明它们区域开发强度和未来发展潜力相近，这些方面可能对农地未来纯收益（地租）产生影响，进而影响农地发展权价格的高低，而荆门市的这些指标与它们的差异性较大。根据这些区域资源环境和社会经济条件，结合后文研究需要，本书打破了行政区划分的限制，将上述区域归并为两种不同类型的调查区域，分别称为宜昌、仙桃研究区和荆门研究区，认为宜昌市和仙桃市的农地发展权价格总体趋于一

致，而荆门区的农地发展权价格则与之不同。

表 3 – 1   样本区域资源及社会经济条件对比

衡量指标		宜昌中西	仙桃东南	荆门东部
经济发展指标	人均 GDP（万元/人）	1.719	1.68	1.122
	农业劳动生产率（万元/人）	1.46	1.64	2.27
	2001—2005 年 GDP 增长率（%）	10.33	9.27	3.42
土地利用现状	人均耕地（亩）	0.86	0.89	1.29
社会发展指标	人口密度（人/平方千米）	187.86	587.76	233.24
土地利用效益	地均 GDP（万元/平方千米）	286.46	571.74	248.64

资料来源：耕地来自《湖北农村统计年鉴 2006》，其他主要来自《湖北统计年鉴 2006》等整理得到。

说明：我国主体功能分区规划实施主要在 2006 年后展开，为保持分区时间大致相同及研究的可比性，本次研究时点充分考虑到了后文主体功能分区下农地发展权补偿研究需要，因此资料收集主要是以上区域 2006 年前后的自然、社会经济数据等。

参看 2007 年《湖北农村统计年鉴》，宜昌、仙桃研究区域内常用耕地面积 184.51 千公顷，其中水田 66.74 千公顷，旱田 117.78 千公顷，分别占农地（耕地）总面积的 36.17% 与 63.83%；荆门研究区内常用耕地面积 195.69 千公顷，其中水田 129.74 千公顷，旱田 85.95 千公顷，分别占农地（常用耕地）面积的 66.3% 与 33.7%。入户随机调查主要在以上两个区域内分别展开。

当前我国农地保护主要就是关注耕地资源保护，考虑到湖北省自然条件状况以及调研区域主要地类特征，水田、旱地构成了耕地资源的重要组成部分，因此，本书研究的农地主要是指水田、旱地等常用耕地，不包括林地、园地等其他农地。通过对两典型区域内水田、旱地发展权价值的研究，本书最终综合测算不同区域内农地发展权的总价值。

（二）调研设计与数据的获取

1. 调研设计

（1）问卷整体设计

问卷的第一部分是农户现有农地状况及其认知，如农地面积、农地质量、亩均纯收益、农地归属认知等。本调查基于湖北省征地补偿课题进行，对不同地类、不同农作物纯收益的调查可用于对该地类农地农业用途价值的测算，最终用于农地发展权估价。

第二部分是被调查者的个人及家庭特征，主要包括被调查者的年龄、性别、最高教育程度、家庭收入、农业收入对家庭经济状况改善状况等。通过收集受访者个人及家庭基本信息，分析受访者及其家庭的社会经济特征等对农地支付意愿（WTP）的影响，用于对 WTP 有效性的检验。

第三部分是对农地的最低接受意愿（willingness to accept，WTA）和最高支付意愿（willingness to pay，WTP）调查。这两部分调查目的在于调查受访者对市场上农地减少所愿意接受的补偿价值或对农地购买的支付意愿，并将调查结果作为参考依据。

（2）调查标的及调查原则

①调查标的：本次调查的标的是解除规划管制、可用于建设的农地价值，即能够在市场上实现完全产权、具有开发潜力、能实现最高用途回报的农地的价值，包含农地发展权。问卷中需要说明，如果不保护农地资源、减缓农地被开发或占用速度，将会给区域内农户生产、生活所带来的各种不利影响。

②调查原则：根据本书研究需要及调查区域的具体情况，为了使调查尽可能获得足够信息，充分反映受访者对农地的支付意愿，调查区域尽可能选择离城镇或交通中心由远到近依次分布的村落；采取随机入户的方式挑选不同特征的农户进行调查，以减少人群等对调查最终结果所产生的误差。由于农地价格是随着经济发展而不断变化的，因此，其评估应是某一时间节点的评估，可确定调查时间为同一年，从而获取数据样本。

（3）提问方式及偏差控制

①提问方式

问卷格式是 CVM 研究得以顺利进行的关键。CVM 的问卷格式有连续型问卷格式和离散型问卷格式两大类，其中前者包括重复投标博弈、开放式问题格式（投标博弈）和支付卡格式三类；国外调查多以封闭式两分式和支付卡式问卷格式为主，而支付卡（PC）方式在发展中国家较容易被人所理解和接受（陈琳，2006；蔡银莺，2007）。由于国内对问卷调查还相对陌生，入户采访的支付卡式问卷格式为没有评估经验的人群提供了相近的选项，更容易获取准确信息，因此本书选用入户面对面调查方式进行。

②偏差控制

由于其本身固有的特性，意愿调查法评估结果的有效性和可靠性会因其偏差而受到质疑，自1993年之后，国际上CVM相关文献已经从实施CVM实验并报告内容和结果，向检验结果的有效性和可靠性方向转变（Zhang，2005）；从理论上说，CVM假设前提是被调查者明确自己的个人偏好，且愿意真实地表达其支付意愿，该方法评价结果精确度在很大程度上取决于假设市场的模拟效果，意愿调查中任何一个环节的失误，都有可能导致CVM调查方法的失败；根据国内外近年来研究结果分析，CVM研究可能存在的偏差主要包括：内嵌效应、假想偏差、投标起点偏差、积极性回答偏差以及抗议反映偏差等几种类型①。

第一，内嵌效应（Embedding effect）：不同学者对嵌入效果的解释不一，通常认为是因调查标的物涵盖范围而产生的问题，也有学者认为是指评估物被低估的现象（蔡银莺，2007）。因此，提问时必须要让被调查者明确本书中农地价值内涵的界定，即明确调查标的是具有非农开发潜力、解除规划管制的农地，尽可能减少价值估算误差及信息偏差等。

第二，假想偏差：假想偏差是由于被调查者对假想市场问题的反应与对真实市场的反应不一样而出现的偏差；提问时保证尽可能提供简单、详尽的信息，尽量避免在调查中通过暗示等方法用自己的意愿去影响被调查者的回答值，减少由于农民对问题内容不了解而引起的偏差；因此，在设置农地价值问题时，应将调研的模拟市场、调查核

---

① CVM调查中，严控问卷调查时间在20—30分钟克服停留时间长度偏差，以及问卷收回后须当场检查并纠正问题，在最大程度上保持调查的客观、公正、准确等体现在问卷的修改完善及调研全过程当中，在此不再赘述。

心问题重点标示，问卷设计尽可能通俗易懂，提醒农民的收入限制等因素，尽量模拟一个较真实的农地交易市场。

第三，投标起点偏差：调查者所建议的出价起点的高低会引起WTP范围变动而引起回答范围的偏离；控制投标起点偏差最有效的方法是通过预调查确定合理的投标起点值和数值间隔及范围（许丽忠，2007），因此，本书在采用支付卡式问卷调查估算农地价值时高度重视各次预调查，并借鉴已有研究结论，不断调整农地价值投标端点及投标值范围，消除起点偏差。

第四，积极性回答偏差：面对面采访时因受访者为"作出让调查者感到满意的选择"而产生的偏差，可能导致受访者WTP偏高；因此，展开大规模调查时采取匿名调查方式，强调对其回答值的保密，调查时向农民强调本次调查的理论研究性质及按照自己的真实情况回答问题的重要性，力求更准确衡量受访农户的支付意愿。

第五，抗议反映偏差：该偏差是由于回答者不了解有关农地相关问题而倾向于反对假想的市场及支付工具而引起的偏差；为了减少这方面误差，调查过程当中要求调查者阐明农户所做决策的原因，并在数据分析时剔除这部分抗议支付样本。

（4）核心问题设置

①虚拟市场的设计

本次调查是以农地价值为标的物，为了准确设计提问的假想市场及背景，尽可能创造类似于现实土地市场的模拟环境，避免回答者对假想市场问题的回答与对真实市场的反映不一样，调研前着重强调了当前农地资源的稀缺程度及农地内涵；同时，调研时提醒受访者在表达其意愿时应充分考虑其家庭收入限制。最终，虚拟市场设计主要涉及农户对农地价值的最低受偿意愿（WTA）调查以及受访农户对农地的支付意愿调查（WTP）两方面内容，具体问题设置如下：

WTP问题是："如果本村集体通过土地整理等手段增加了一些耕地，目前有部分农田对外出售，本村村民优先购买，年限是无限期，这类土地可以用于建设住宅、工厂等，您也可以继续农业种植或等以后自由出售，但是需要您出价购买，请问您每亩最多愿意支付多少钱";WTA问题是:"假如政策允许您可以将自己承包使用的农田转让或卖给其他个人或企业用于建设住宅或厂房,或者被征服征用,那么您可以接受的最少补偿价格为每亩多少钱。"

②投标值确定

为克服个人支付意愿偏低、受偿意愿偏高而造成的评估价值偏差增大问题,本书同时提问WTA与WTP这两个问题,先提问WTA,后提问WTP。

借鉴近期相关研究,调查群体平均支付意愿为农地每亩6.5万元,可以通过预调查证实设置的投标值是否符合要求,初步考虑将投标值设为12个,从0.5万元/亩到11万元/亩;同时,依据理论分析及以往调查经验总结,也设置了最高、最低投标值之外的自由赋值选项,便于受访农户客观、真实选择个人的支付(接受)意愿价值;最终,通过预调查确定该投标格式的起点值和数值间隔及范围,以减少起点偏差,更加准确地衡量农地价值。

③价值影响因素选择

自1993年之后,国际上CVM相关文献已经从实施CVM实验并报告内容和结果,向检验结果的有效性和可靠性方向转变(许丽忠等,2007)。考虑到现实条件及课题研究需要,本书并不进行CVM可靠性检验;而对CVM结果的有效性评价主要包括区分内容有效性、标准的有效性和解释的有效性三方面内容(曹建华,2003)。一般来讲,采用WTP而非WTA形式更能保证内容的有效性;采用CVM设计的"模拟市场"可以评价标准的有效性;解释有效性主要有收敛有效性和理论的有效性两种形式,前者检验操作起来不太现实也不能表明CVM结果就是正确的,后者检验主要通过WTP结果与受访者社会经济特征、其他相关影响因素等变量之间的函数关系等进行评价,看其是否符合经济学原理等,这是WTP有效性检验的重要方面。

考虑研究特点及已有分析,本书主要通过研究农户对农地的支付意愿与其影响因素之间的关系来检验所得到的WTP是否有效。通过了解受访者基本社会经济情况等内容,有助于判断所获取的WTP

数据准确性，为后面将进行的可靠性检验做准备；因此，仔细分析并选择有关农地价值影响因素就显得尤为必要，这也是采用 CVM 法估价不可或缺的重要内容。由于此处是分析对农地价值的影响因素，因此，因素选择与前文所分析的农地发展权价格影响因素并不一致。

一般来讲，受访农户年龄越大其接收意愿或支出意愿也会增加，较年轻的农户为了以后长久生存可能更不愿意在一个固定价格水平上放弃农地产权；户主多数为男性可能更愿意对农地支付更多资金，随着农户教育水平的提高，其自身会更加认识到农地保护问题的重要性，从而影响意愿表达；农户年收入水平越高，其家庭财富就越多，对农地的支付意愿也就越大；医院或卫生诊所都处在当地城镇中心附近位置上，本书就以此来替代受访者距离受访区中心城镇的距离，因此，农户家庭住址离市中心（医院或中心诊所）越近，其支付意愿或接收意愿也可能就更高；农地经营收入对家庭经济状况改善程度越高，农户对农地依赖感就更大，相应就会影响对农地的意愿表达；同样，农田综合状况的好坏（如农地质量的高低）及农户对农地产权的归属认知等因素都会对农地价值的高低产生很大程度的影响。

（5）预调查

起始价格的准确性一直是 CVM 调查中的关键因素，起始价格偏高或偏低将会高估或低估意愿支付水平（黄金辉，2007）。由于国内对问卷调查方式还相对陌生，入户采访的支付卡式问卷格式为没有评估经验的人群提供了相近的选项，可解决逐步竞价法的起始偏差；通过预调查可克服价值排序与区间设置不足等问题，更容易与人交流获取准确信息并减少误差，这也是提高问卷设计质量的重要的方式之一（李林，2007）。

基于以上分析，本书预调查中采用开放式问题确定农地价值问卷卡的数值范围、起始价格及中点值；同时，由于在我国当前并不存在可进行所有权交易的农地市场，受访农户对“完全产权”的农地价值内涵还不能充分理解和接受，因此，通过预调查就可以完善问卷设计，使核心估价问题更加简单、明晰、合理，补充问卷设计的不足、完善问题的表述、检验问卷设计的合理性并提高下一步调研结果的准确度。2007 年 10 月课题组选择了武汉市江夏区和洪山区 6 个村 105 个农户进行了预调查，预调查只询问受访农户的接受意愿（WTA），华中农业大学土地管理学院 17 名研究生、本科生参与调查，修改、完善问卷并调整意愿区间的设置。

（6）支付方式、支付年限

考虑到人们不喜欢税费等强制性方式，根据前文虚拟市场构建等核心问题的设置以及相关研究，本次调查主要采取货币方式反映受访农户的意愿；由于采用逐次缴纳等方式会对被调查农户的支付意愿有不同的影响，且受访者的收入状况会对 WTP 等产生较弱的约束，因此，为了尽可能增强假想农地市场的可信度与真实性，本书选用一次性货币支付，支付年限是无限年期。

2. 数据获取

经过多次预调查并完善问卷设计，2007 年 11 月课题组分别在宜昌、仙桃地区以及荆门地区展开大规模调查，调查时采取匿名随机抽样调查方式，有意识地选择不同地区距城镇中心距离由远到近的村落作为样本村，共得到样本 297 份，其中宜昌、仙桃地区总样本 143份，荆门地区总样本 154 份。由于采取面对面访谈，加上问卷多次修改完善，并对调查者进行了系统培训，尽量减少了可能出现的多种偏差，因此两地的问卷回收率都较高。同时，课题组将支付意愿大于个人家庭年收入 30 倍的问卷（包括错误、乱填等问卷）剔除①，最终分别回收有效样本 129 份及 138 份，占各自调查问卷总量的 90.21%与 89.61%；其中，两个区域有支付意愿的样本数分别为 119 份与124 份。调查员与农户面对面访谈的内容主要包括农民对农地的支付意愿（WTP）及不同农作物单位面积纯收益等内容，宜昌、仙桃部分地区支付样本分布情况见表 3 - 2。

---

① 根据 Mitchell 和 Carson 的建议，本书剔除掉支付意愿的全部异常值，从而减少了免费乘车问题（Free Rider）等影响。

表 3 - 2　　　　　　　　　宜昌、仙桃地区样本分布

	样本区域	样本数目
	七里岗村	8
宜昌市夷陵区	梅子垭村	15
	丁家坝社区	25
猇亭区	方家岗村	13
宜都市	十里铺村	7
仙桃市干河街	大洪村	30
沙嘴街	杜柳村	10
龙华山街	黄荆村	10
合计		119

部分荆门地区调查问卷也根据研究需要选择样本分布点，支付样本分布情况见表 3 - 3。

表 3 - 3　　　　　　　　　荆门地区样本分布

	样本区域	样本数目
东宝区	浏河村	2
	斗立村	18
掇刀区	长兴村	3
	交通村	33
	双泉村	39
	裴庙村	5
其他	麻城村	4
	官堰村	4
合计		124

（三）价值估算

1. 宜昌、仙桃地区农地发展权估算

（1）农地价值估算

①调研区域受访者基本特征

调查样本兼顾了各个不同的群体，受访者中拥有决策权的户主较

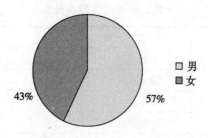

图 3 - 1　宜昌、仙桃部分地区受访者的性别构成

多，所以男性比例较大，男女分别占调查总人数的 57% 与 43%，从理论上分析，性别与农地的支付意愿并未有很强的相关性。

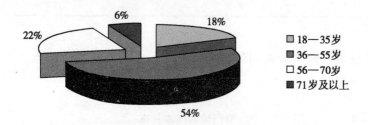

图 3 - 2　宜昌、仙桃部分地区受访者的年龄比例

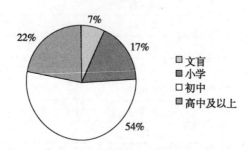

图 3 - 3　宜昌、仙桃部分地区受访者的教育水平

从受访者年龄比例图可以看出，中青年受访者较多，55 岁及以下受访者占总体受访者的 72%，老年人占受访总人数比例不到 10%，这反映了受访群体的总体年龄状况。从受访者教育程度可以看出，受访农户总体教育水平偏低，初中及以下文化程度的农民约占总受访者的 78%，高中及以上文化人数比例仅有 22%。这些反映了受访农户多数是中青年，且受教育程度偏低，对农地的支付意愿有何影响值得分析。

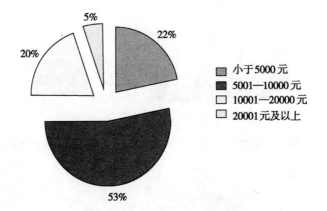

图 3 - 4　宜昌、仙桃部分地区受访者的家庭年收入结构

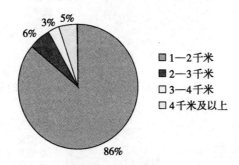

图 3 - 5　宜昌、仙桃部分地区受访者的家庭距城镇中心距离

约有75%的受访农户年家庭收入小于1万元,有20%的农户年收入在1万—2万元之间,这说明受访群体整体家庭经济收入不高,可能会在较大程度上影响整个受访群体对农地的支付意愿表达。同时,尽管在调查时尽可能样本分布广泛,但受访农户对于城镇中心理解并不一致,调查结果显示多数农户居住地离城镇中心距离并不太远,这些对农地支付意愿的影响程度如何值得进一步研究。

从图 3 - 6 可以看出,可能由于近年来我国农业技术水平提高、农村税费大幅度减免、农产品价格稳定并持续增长,受访者在总体上对农业生产改善家庭经济状况方面的满意度较高。约有74%的受访农户对农业生产改善家庭经济状况表示满意,只有约5%的农户表示不满意农业生产对家庭经济状况的改善程度。

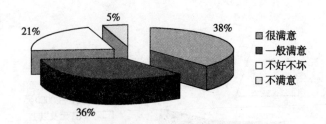

图 3 - 6   宜昌、仙桃部分地区受访者的家庭农业生产改善经济满意度

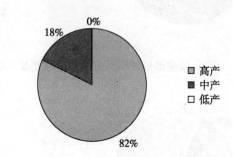

图 3 - 7   宜昌、仙桃部分地区受访者拥有农地的状况

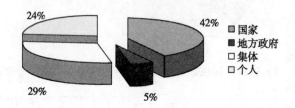

图 3 - 8   宜昌、仙桃部分地区受访者的家庭农地产权归属认知

从图 3 - 7 可以看出，多数被调查农户所拥有的都是高产田，约占总调查群体的 82%，剩下的都为中产田，约占 18%，这些农田质量的高低可能直接影响受访农户对农地的支付意愿表达。同时，图 3 - 8 也表明，约有 47% 比例的受访农户认为农田应该"归公"，有 29% 比例的农户认为应该属于农村集体，只有 24% 比例的受访农户认为应属于农民自身。

② 受访农户的支付意愿

受访农户愿意支付的有 119 人，占有效样本的 92.25%。受访农民对水田的支付意愿分布情况参见图 3 - 9，可以看出，17.24%

受访农户对每亩水田支付意愿在 1—20000 元，35.34% 的受访农户支付意愿在 40001—60000 元，21.55% 受访者的支付意愿要大于11 万元；从累计频率分析来看，58.62% 的受访农户对每亩水田支付意愿小于 60000 元，41.38% 受访者对每亩水田支付意愿要大于60000 元。

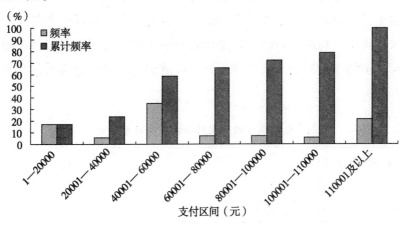

图 3 - 9　宜昌、仙桃市受访者对水田的支付意愿

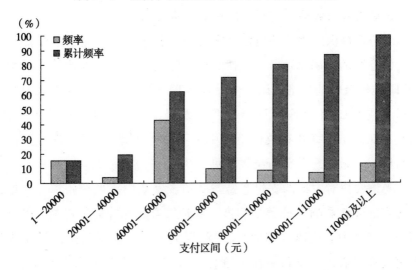

图 3 - 10　宜昌、仙桃市受访者对旱地的支付意愿

受访农民对旱地的支付意愿分布情况参见图 3 - 10，至于旱地支付意愿，15.24% 的受访农户对每亩旱地的支付意愿在 1—20000 元，42.86% 受访者支付意愿在 40001—60000 元，13.33% 受访者支付意

愿要在 110001 元以上。从累计频率分析来看，71.43% 受访者对每亩旱地支付意愿要小于每亩 80000 元。

　　区域内农户对农地支付意愿的具体情况见表 3 - 4，由于调查区域选择合适，课题组在预调查过程中准备充分、不断完善问卷，询问方式合理，因此水田、旱地的拒答率都较低。调查表明，受访民众对水田的支付率要高于对旱地的支付率。通过对不同地类的全部样本投标值求取算术平均值，可以看出受访农户对水田的支付意愿总体上要大于对旱田的支付意愿，这可能与调查区域内各类型农地资源的丰富程度有关。

表 3 - 4　　　宜昌、仙桃区受访农民对农地支付意愿（元/亩）

农地类型	参与人数	支付率（%）	平均支付意愿	标准差	最小值	最大值
水田	116	97.67	74663.8	57544.9	1000	500000
旱地	113	94.57	66771.43	47387.7	1000	350000

　　③受访者对农地支付意愿的影响因素分析

　　受访者提供的相关环境信息是否合适和充分将明显影响受访者对其支付意愿的正确表达。本次研究中只通过受访者对农地的支付意愿（WTP）衡量农地价格，调研中设置 WTA 则主要是为了模拟农地交易市场，减少 CVM 操作中可能存在的误差，保持整体调研的连贯性，因此，在意愿计算及有效性检验中并不对受访者的 WTA 进行具体分析与讨论。最终统计分析结果参见表 3 - 5，分析表明：

　　受访农户对农地的支付意愿与受访者家离中心城镇距离、农地经营对家庭经济影响（改善）程度、农地综合状况等显著相关。受访者家距离城镇中心距离与 WTP 呈现负相关关系，这说明距离城镇中心距离越远，农民的支付意愿就越低，这与许多学者的研究结论相同；同时，农地经营对家庭经济的改善程度、农地综合质量等都与农户的 WTP 呈现正相关关系并且也通过检验，这说明对农户来讲农地经营对农民家庭改善程度越重要、农地综合状况越好，农民的支付意愿就越高，这都与实际情况相符合。

表 3 - 5 **宜昌、仙桃市受访农民对农地支付意愿的影响因素**

解释变量	回归系数	T 值	显著性
截距	18921.35	8.008	0.000 ***
性别	-236.9.8	-0.346	0.730
年龄	240.541	1.782	0.078
教育程度	578.462	1.318	0.190
家庭年收入	353.147	1.059	0.292
离中心城镇距离	-3937.896	-11.254	0.000 ***
农地经营影响程度	3901.720	10.171	0.000 ***
农地综合状况	3793.759	4.287	0.000 ***
产权归属认知	89.987	0.422	0.674

说明：*** 表示 5% 的显著水平，** 表示 10% 的显著水平，* 表示略低于 10% 的显著水平。

④农地价值测算

本书考虑选择以研究区域内农户的算术平均支付意愿（WTP）来衡量"开发未受限、解除规划管制"的农地价值，因此，根据农户对不同农地支付意愿的统计结果分析，区域内水田价值折合 1119957 元/公顷，旱地价值为 1001571.45 元/公顷；参看 2007 年湖北农村统计年鉴数据，研究区域内水田、旱地分别占农地（常用耕地）总面积的 36.17%、63.83%，将以上结果代入（1）式，最终得到农地价值为 1044391.5 元/公顷；考虑到整个研究区域内常用耕地总面积为 184.51 千公顷，可得到该研究区域农地价值总额为 1.9266×10^{11} 元。

（2）农地农业用途价值估算

运用收益还原法计算农地农业用途价值的程序如下：首先计算不同类型农地单位面积年纯收益，然后确定还原利率，最终计算农地农业用途价值。

根据对农户亩均纯收益情况调查分析，区域内受访农户在水田上主要种植中稻、晚稻，旱田主要种植蔬菜、少部分种植小麦；以各地类面积占研究区域总面积比例为权重，求得调研区域内水田每亩平均纯收益为 639.41 元，折合 9591.15 元/公顷，旱地每亩平均纯收益为

844.17 元，折合 12662.55 元/公顷。

还原利率是将土地的纯收益还原成土地价格的利率或比率，其实质是一种资本投资的收益率。还原利率的确定是收益还原法评估地价的一个关键问题。土地还原利率的求取方法主要有收益价格比较法、收益率排序插入法、投资复合收益法和安全利率调整法等，现有研究多数都采用安全利率调整法来作为确定还原利率的依据（董普，2005），即采用安全利率加上风险调整值的方法求取还原率。2007 年我国一年期银行定期存款利率为 3.87% 可以作为安全利率，据统计，2000 年以来物价上涨指数波动约为 1.45%，因此研究区域内还原利率为 5.32%。

将以上结果代入（2）式，最终研究区域内水田农业用途价值180284.77 元/公顷，旱地农业用途价值238017.86 元/公顷；以各地类面积比例系数为权重，整个区域农地农业用途价值217135.8 元/公顷，根据面积数据统计，区域农地农业用途总价值 4.006×10^{10} 元。

（3）农地发展权价值估算

将已计算结果代入（3）式，得到区域内水田发展权价值为939672.23 元/公顷，旱地发展权价值为 763553.59 元/公顷，其面积比例分别为 36.17%、63.83%，以不同地类农地面积比例系数为权重，得到农地（常用耕地）发展权价值为 827255.702 元/公顷，根据区域面积及单位面积农地发展权价值代入（4）式，整个研究区域农地发展权价值为 1.526×10^{11} 元。

（4）估价结果对比

图 3-11 表明了宜昌、仙桃调研区农地总价值构成结构，可以看出，区域内农地发展权价值79%，大约是农地农业用途总价值（占总价值比例的21%）的 4 倍，该结果在很大程度上反映了该区域内农地发展权价值在农地总价值构成中的重要地位。

2. 荆门地区农地发展权估算

（1）农地价值估算

① 调研区域受访者基本特征

从图 3-12 可以看出，受访者中男性比例较大，约占受访农户

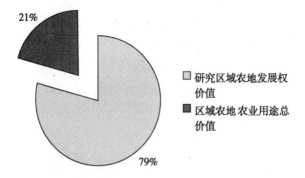

图 3 – 11 宜昌、仙桃研究区农地总价值构成图

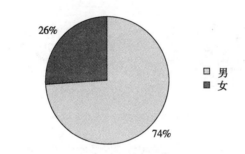

图 3 – 12 荆门部分地区受访者的性别构成

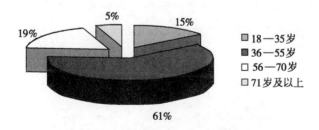

图 3 – 13 荆门部分地区受访者的年龄比例

总体的 74%。而受访者年龄比例图 3 – 13 中，受访者多以中青年为主，55 岁及以下受访者占总体受访者的 76%，56—70 岁的有19%，71 岁及以上的受访者比例很小，占总受访者的 5%，在性别、年龄构成等方面荆门研究区也与宜昌、仙桃研究区总体特征有相似之处。

　　从图 3 – 14 可看出，荆门调查区内文化程度在初中及以上的受访农户占所调查农户整体的 72%，文盲及小学文化程度的受访者只有

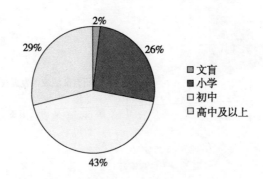

图 3 – 14　荆门部分地区受访者的教育水平

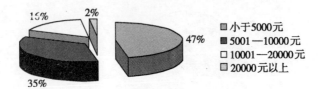

图 3 – 15　荆门部分地区受访者的家庭年收入结构

28%，该区域内受访农户总体文化水平要比宜昌、仙桃区略高。而从图 3 – 15 可看出，荆门调查区农户家庭年收入多于 1 万元的受访农户比例要小于宜昌、荆门调查区，调查区域内整体农户经济收入偏低，这可能对农地的支付意愿产生较大程度的影响。

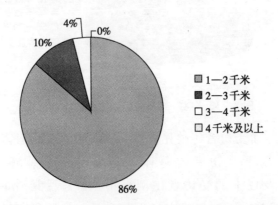

图 3 – 16　荆门部分地区受访者家庭距城镇中心距离

从图 3 – 16、图 3 – 17 中可以看出，根据对受访农户家庭距城镇中心距离及受访农户对农业生产改善经济的满意度分析，受访农户多

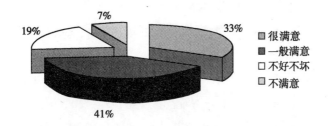

图 3 - 17　荆门部分地区受访者家庭农业生产改善经济满意度

数居住在距离城镇中心附近区域，且多数都对农业生产改善家庭经济状况的满意度评价较高，约有 74% 农户对此表示满意，只有 7% 比例的农户表示不满意，以上这些因素究竟对农户对农地的支付意愿产生什么影响，值得我们分析。

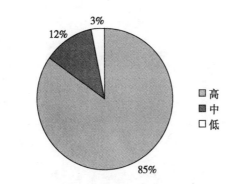

图 3 - 18　荆门部分地区受访者拥有农地的状况

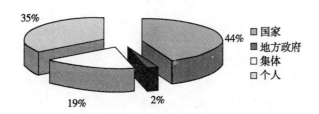

图 3 - 19　荆门部分地区受访者的家庭农地产权归属认知

从图 3 - 18、图 3 - 19 中可以看出，与宜昌、仙桃地区受访农户对应特征相一致，荆门研究区农户拥有的农地综合质量较高，受访农户中认为家里地是低产田的比例仅有 3%；荆门地区受访者更倾向于认为农地归属于自己所有，约有 54% 的受访农户认为目前耕种的农地是"归私"，即属于农村集体及个人，这可能对农地的支付意愿产生一定程度影响，从而最终影响到调查区域内农地发展权价格的估算。

② 受访者的支付意愿

受访农户愿意支付的有 124 人，占有效样本的 89.86%。受访农民对水田的支付意愿分布情况参见图 3 - 20，从中可以看出，46.61% 的受访农户对每亩水田支付意愿在 1—20000 元，17.8% 的受访农户对每亩水田支付意愿在 20001—40000 元，13.56% 的受访农户支付意愿在 40001—60000 元，11.02% 受访者的支付意愿在 60001—80000 元；从累计频率分析来看，64.41% 的受访农户对每亩水田支付意愿小于 40000 元，35.59% 受访者对每亩水田支付意愿要大于40000 元。

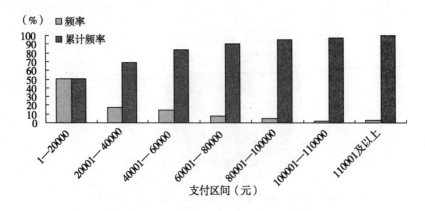

图 3 - 20　荆门市受访者对水田的支付意愿

受访农民对旱地的支付意愿分布情况参见图 3 - 21，至于旱地支付意愿，50.93% 的受访农户对每亩水田支付意愿在 1—20000 元，17.59% 的受访农户对每亩水田支付意愿在 20001—40000 元，14.81% 的受访农户支付意愿在 40001—60000 元，从累计频率分析来看，90.74% 的受访者对每亩旱地支付意愿要小于每亩 80000 元。

表 3 - 6 显示了荆门研究区受访农户对农地的支付意愿。区域内农户对水田、旱地的拒答率都较低，对水田的拒答率要低于农户对旱地的拒答率，两者分别为 3.62%、6.52%。考虑到荆门地区农地资源状况以及当地农业种植结构等特点，受访民众对水田的支付率要高

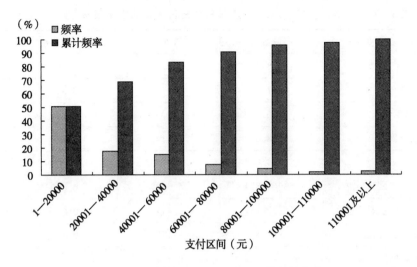

图 3 – 21　荆门市受访者对旱地的支付意愿

于对旱地的支付率。通过对不同地类的全部样本投标值求取算术平均值，受访农户对水田的支付意愿总体上仍然要大于对旱田的支付意愿，这可能与调查区域各类型农地资源的丰富程度有很大关系，农民更关注于水田资源的稀缺程度。

表 3 – 6　　　　荆门区受访农户对农地支付意愿（元/亩）

农地类型	参与人数	支付率（%）	平均支付意愿	标准差	最小值	最大值
水田	118	95.16	34559.62	39838.66	1000	250000
旱地	95	76.61	33305.6	37932.68	1000	300000

③受访者对农地支付意愿的影响因素分析

荆门区受访农民对不同地类农地总支付意愿的影响因素分析见表3 – 7，研究表明：受访农户对农地的支付意愿与农民家庭年收入、家距离中心城镇距离以及农地经营对家庭经济改善程度显著相关。家离城镇中心距离越远，农民的支付意愿就越低；农民家庭年收入越高、农地经营对农民家庭改善程度越重要，农民的支付意愿就越高，这也与实际情况相符合。

表 3 – 7　　　　荆门市受访农民对农地价值支付意愿的影响因素

解释变量	回归系数	T 值	显著性
截距	15038.07	6.034	0.000 ***
性别	801.257	1.010	0.315
年龄	-6.222	-0.038	0.970
教育程度	658.008	1.414	0.160
家庭年收入	1834.082	9.377	0.000 ***
离中心城镇距离	-3967.834	-5.549	0.000 ***
农地经营影响程度	879.174	2.414	0.017 **
农地综合状况	851.437	1.179	0.241
产权归属认知	145.475	0.789	0.432

注：*** 表示 5% 的显著水平，** 表示 10% 的显著水平，* 表示略低于 10% 的显著水平。

④农地价值测算

估算农地价值时可借鉴限制开发区农地价值估算的思路及方法，参看 2007 年湖北农村统计年鉴，荆门市这些区域内常用耕地面积 195.69 千公顷，其中水田 129.74 千公顷，旱田 85.95 千公顷，分别占农地（常用耕地）面积的 66.3% 与 33.7%，每亩水田价值 34559.62 元，折合 518394.26 元/公顷；每亩旱地价值 33305.60 元，折合 499583.99 元/公顷；将已有结果代入（1）式，以各地类面积比例为权重求和，最终得到农地（常用耕地）价值 512055.20 元/公顷，根据总农地面积可得到研究区域内农地价值共计 1.002×10^{11} 元。

（2）农地农业用途价值估算

采取前文研究方法，根据统计结果得到荆门地区水田每亩平均纯收益为 782.17 元，折合 11732.60 元/公顷，旱地每亩平均纯收益为 1101.79 元，折合 16526.83 元/公顷，还原利率还是采用 5.32%；将计算结果代入公式（2），则研究区域内水田农业用途价值 220537.59 元/公顷，旱地农业用途价值 310654.67 元/公顷，加权求和后该区农地农业用途价值 250907.05 元/公顷，整个研究区域内农地农业用途价值为 4.910×10^{10} 元。

（3）农地发展权价值估算

将已计算结果代入（3）式，得到区域内水田发展权价值为297856.67元/公顷，旱地发展权价值188929.31元/公顷，其面积比例系数分别为66.3%、33.7%。依据各地类农地面积比例为系数，得到农地（常用耕地）发展权价值261148.15元/公顷，将单位面积农地发展权价值及农地总面积代入（4）式，整个研究区域农地发展权价值为5.110×10^{10}元。

（4）估价结果对比

荆门研究区农地总价值构成情况见图3-22，与宜昌、仙桃研究区相比，荆门研究区农地发展权价值约占区域农地总价值的51%，还是要大于区域内农地农业用途总价值；以上研究说明了区域内农地发展权总值在农地总价值构成中占主要部分，值得我们进一步研究其中可能存在的政策含义。

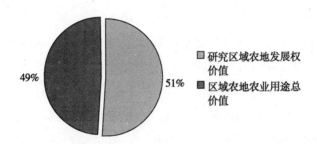

图3-22　荆门研究区域农地总价值构成图

（四）计算结果分析与解释

采用CVM方法构建农地发展权估价模型，将宜昌、仙桃部分地区划归一个研究区域，结合荆门研究区域，处理调查数据便可分别得到两研究区平均农地发展权价值。研究具体结果如表3-8所示。

表3-8　　　　　　　样本区农地发展权价值的估算结果

调查区域	水田发展权价值（元/公顷）	旱田发展权价值（元/公顷）	农地发展权价值（元/公顷）	农地发展权总价值（元）
宜昌仙桃部分区域	939672.23	763553.59	827255.702	1.526×10^{11}
荆门部分区域	297856.67	188929.31	261148.15	5.11×10^{10}

研究表明:

1. 打破行政界限，求取整个区域平均的农地发展权价值是可行而且有意义的

根据对区域资源环境承载力、经济开发密度与发展潜力等因素分析，宜昌、仙桃市都具有较大的经济发展潜力与工农业经济基础，综合经济发展水平居于全省前列，辖区内水力资源都比较丰富，但部分地区生态环境脆弱，并面临着一些不同程度的生态问题，整个调研区内经济发展水平与开发潜力等社会经济条件等具有一致性，因此可将这两市部分地区划归一个调研区域，并以此为依据打破行政区划，确定出一个较大的区域进行政策分析及价值测算，这是合适的也是具有意义的，如张效军（2006）构建了福建省与黑龙江省之间的耕地保护区域补偿机制，确定出耕地价值补偿标准并进行政策分析等。郑海霞等（2006）对东阳市、义乌市以及部分金华市金东区划定为一个金华江流域进行生态服务补偿案例分析等。

国外实证研究区域内农地发展权价值时多假定区域内所有地块都具有开发潜力（David，2002），在发展权模型构建时可认为广大区域内各地块的农业用途价值随时间、空间变化不大（Andrew，2001）；因此，在假设宜昌、仙桃研究区域内农地都可能开发、地块上农地发展权价值都能实现、农地产权价值相对一致的情况下，将调查样本随机分布在区域内城乡接合部、农村腹地上等，得到的受访农户（支付）意愿就能充分反映不同区位上农地、农地发展权的特征，在此基础上模型最终所估算的农地发展权价值827255.702元/公顷就是宜昌、仙桃整个区域内农地统一的发展权价值标准，该价值标准充分考虑了不同区位上农地特征及农地价格的差异性，是区域内所有地块农地发展权价值的平均值。

此外，农地发展权价值在很大程度上要受到农地区位、政府规划等因素的影响，但区域内农地发展权价格评估并非必须对每块农地进行区域特征等修正，以一定理论为基础求取整个区域内平均的农地发展权价值也是可行的，如王永慧和严金明（2007）在对农地发展权界定、细分和量化分析的基础上，结合北京市海淀区土地利用总体规

划修编，对海淀区北部地区农地发展价格测算和价值分配进行分析，最终求取区域内每公顷农地发展权价值。周建春（2006）以耕地外部性价格扣除耕地的国家粮食安全价格、国家生态安全价格后得到耕地发展权价格，得到我国耕地发展权价格为 17.55 万元/公顷。臧俊梅（2007）以公平为原则，得到全国农民每年可得到普遍耕地发展权补偿价格为 0.73 元/m²；因此，本书中宜昌、仙桃部分地区与荆门部分地区单位面积农地发展权平均价值的计算是符合理论基础的，两个区域农地发展权价值分别为 827255.702 元/公顷、261148.15 元/公顷，该结果为后文限制、禁止开发区农地发展权补偿研究奠定了基础。

2. 区域内农地发展权总价值是农地总价值的重要组成部分，不仅在城郊而且在整个区域内农地发展权价值总额都可能大于其农地农业用途总价值

现实当中，农地未来可转用增值收益部分（农地发展权价值）常常要大于农地经济产出价值，是农地价值构成中非常重要的组成部分。国外研究表明，在靠近城镇中心的区域，农地未来可开发价值部分，即发展权价值部分占农地总价值的比例常常大于 50%，（Andrew，2002）；本书中，宜昌、仙桃部分地区农地发展权总价值约为 1.526×10^{11} 元，荆门部分地区农地发展权总价值约为 5.110×10^{10} 元，分别占各自研究区域内农地总价值的 79.21% 与 51%，均大于各自区域内对应的农地农业用途价值，这是我国当前农地供需矛盾突出、农地资源日益稀缺等背景下必然出现的结果，研究结论可从已有研究与我国当前现实当中寻找解释。

3. 农地发展权价值与农地所在地区的经济发展水平高低、区位好坏等关系密切，农地价值高低与当地农地资源特征等有关

从理论上讲，农地发展权价值与该农地地块离城镇中心距离远近、地块附近交通便捷度、当地经济发展水平等关系紧密。在整个区域内农地农业用途价值相一致且随时间、空间变化不大的情况下，农地发展权价格与其对应的可开发农地价格高低、研究区域的经济发展水平高低等近似呈正比例关系。一般来讲，交通便利、经济发达、人

口稠密区段具有更加强烈的农地开发需求,该区域内农地、农地发展权经济价值更高,距离这些地方越远,农地及农地发展权价值就越低。结合不同区域自然与社会经济特征分析,与宜昌、仙桃研究地区相比,荆门地区资源环境承载力较弱,现有农地开发程度不高,经济发展水平及未来经济发展潜力明显低于宜昌、仙桃研究区域,该区域的农地、农地发展权价值应该比宜昌、仙桃研究区域内农地发展权价值高,最终的定量分析结果正与理论研究相符,宜昌、仙桃研究区域内农地价值（1044391.5 元/公顷）是荆门研究区域内农地价值（512055.20 元/公顷）的两倍左右,其各地类农地发展权价值都大于荆门研究区域内对应的农地发展权价值,其单位面积农地发展权价值平均值是荆门区域内单位面积农地发展权价值的 3 倍多,因此,研究最终得到的结果都是符合经济学理论的。

　　随着经济发展与农地保护之间矛盾的日益突出,农户会在不同程度上意识到农地价值的存在并愿意对拥有农地支付数额不等的资金,同时,农户对农地价值的支付要受到该区域自然资源稀缺状况等影响,不同地区农民对不同类型农地将表达出具有差别化的支付意愿。研究结果显示,两个研究区域内受访者对水田的支付率都高于对旱地的支付率,而且对水田的平均（最大）支付意愿都高于对旱地的支付意愿,该结果也是符合理论预期与现实情况的。此外,本书调查区域主要集中在湖北省内,一般来讲,湖北境内居民生活主要依赖水田,农民对水田的重视程度要高于旱地等,这会影响到农户对水田的支付意愿,最终可能使水田的发展权价值要高于旱地的发展权价值,这些都是符合理论分析与现实情况的合理结论。

小　结

　　1. 农地发展权价值就是农地可开发转为不同用途带来增值收益的价值,在市场经济中,可通过农地最高回报价值与农地农业用途价值之差来衡量。前者就是正常条件下具有开发潜力、能完全实现产权价值、可转为非农建设用地的可开发农地市场价值。

2. 可从农地发展权价格内涵、规划、土地资源稀缺与配置、城乡土地供需关系等方面来分析农地发展权价格形成机制。同时，农地发展权价格主要受到未来地租、规划、农地可开发价格以及土地开发政策等因素的影响。

3. 从本质上讲，农地发展权价值的测算与农地价值的测算在理论与方法上都有很多相似之处，具体方法的选用在很大程度上由所用理论及数据可得性决定。本书总结了依据产权收益、市场销售对比及供需、影响产权价格因素、意愿调查法等进行估价的农地发展权估价方法，分别将湖北省宜昌、仙桃部分地区及荆门部分地区作为两个研究区域，采用意愿调查法（CVM）测算具有开发潜力、完全产权的农地价格，并以此为基础估算研究区域内农地发展权平均价值。研究表明：不同区域内农地发展权价值高低与研究区域所处的区位关系密切，两个研究区内农地价值也都与距城镇中心距离、农地改善家庭经济状况程度等指标显著相关，区域内农地发展权总价值都大于各区域内对应的农地经济产出总价值。

第四章

主体功能分区下农地发展受限

　　主体功能分区下农地发展权补偿研究中农地发展受限程度的测定是关键，直接决定了补偿标准的准确性。本章重点研究主体功能分区给农地开发所带来限制的内涵，并采用资本资产定价理论构建农地发展受限模型，以上章湖北省部分地区实证结果为基础，定量分析了主体功能分区对农地价值的管制程度。

第一节　主体功能分区下农地发展受限内涵

一　主体功能分区下农地发展受限本质

　　概念是研究问题的前提，决定了研究的主要内容和逻辑结构。植草益先生所著《微观规制经济学》一书中，译者在后记中写道："规制"一词来源于英文"Regulation"或"Regulatory constraint"，是日本经济学家苦心创造的译名。regulation 和 regulatory constraint 是通用的，其含义是有规定的管理，或有法规条例的制约。

　　根据《新帕尔格罗夫经济学大辞典》里的解释，管制指的是政府为控制企业的价格、销售和生产决策而采取的各种行动，目的是要努力制止不充分重视"社会利益"的私人决策。按照韦氏英文大辞典的释义，管制是指由权威机构制定，尤其指管制某种行为的法律规制与命令。而布莱克法律辞典认为，管制是指某种规则或限制所支配的控制性行为或过程；或由行政机构或地方政府颁布的具有法律效力的规则或命令。①

　　"限制"一词有两种意义，一种意义是指规定权利的界限，从普遍意义上对权利范围的界定，在解释所有权概念时，将法令限制纳入所有权意义之内②；另一层意义是指在特殊情况下，为实现特定目的而缩小在一般情况下原本可能实现的权利的范围，这种限制并非普遍情况，它随着某些特殊情况的出现而出现，如对所有权的一项或几项权能进行限制③。刘禹麒（2005）认为，限制，可以说是特定时期的立法者强加给权利主体的积极负担或不作为义务，以使权利的行使不违背他人或社会的整体利益，这是一个适用于对所有个人权利限制的定义。土地产权限制可以从广义和狭义两个方面定义，区别就在于采取产权限制行为的主体不同：前者仅指法律，后者则除了法律制度外还包括能分享土地产权好处的一切制度。结合研究主题，本书的"限制"就是政府为实现一定的发展目标而缩小正常情况下应当实现的产权领域，是行政机关在不损害社会整体利益前提下强加给部分所有者的不作为义务的权利负担，是国家行为制约产权权益实现的过程。

　　张安录（2000）认为，"发展"是指"潜力的扩大或实现，不断完善、壮大或达到良性状态"，即它是指质量的改善或潜力的释放。农地发展是指农地为满足城市发展和产业升级的需要而进行的非农开发活动。一般来讲，可开发农地具有较大的开发潜力，其开发具有立体性，在用途方面农地可转变为工业、商业、住宅等其他非农（建设用地）用途，在容积率方面可提高农地开发强度、增加单位面积农地投入力度等，从而最终获得更高的经济及社会效益，因此，主体功能分区下的农地发展应该主要指各功能区内农地可能向非农用途转化、提高农地开发强度、实现农地最高用途回报的经济开发，是农地所拥

<hr>

① Black's law dictionary, *West Publishing Corporation（abridged six edition）*, 1991, pp. 890-891, see the terms "regulate" "regulation" "regulations".
② 参见甸梅迪库库斯《德国民法总论》，召随东译，法律出版社2001年版，第1页；科斯等《财产权利与制度变迁》，上海三联书店1994年版，第51页。
③ 张智君：《所有权的限制与社会化》，硕士学位论文，西南政法大学，2003年。

有的完全经济潜力释放的过程。

实际上，主体功能分区下农地发展受限内涵应该是非常丰富的。根据主体功能区主体功能设置及各区土地政策安排，主体功能分区对农地发展的限制主要发生在限制、禁止发展区等保护型功能区内，这种发展受限并非是对农地非市场价值或生态价值的限制，而是抑制了保护型功能区内农地未来正常开发权利的实现，是政府通过分区规划对限制、禁止开发区内农地产权的经济价值完全实现所施加的管制或约束，它不仅涉及各功能区对区域内整体环境保护、农地价值实现等整体影响，还涉及同一功能区内分区管制所带来的各种潜在的自然、社会及经济结果，这是广义层面上的农地发展受限内涵。

而本书研究的农地发展受限则属于狭义上的，根据本书对有关主体功能分区下农地发展内涵的分析，农地发展受限主要是指国家约束农地产权经济权益实现、在不同地区不同产业之间合理配置农地资源，以实现资源利用效益最大化的行为过程，这种限制更重要的是体现在对整个功能区内农地价值实现所带来的影响上，不涉及对潜在社会影响、区域内微观个体行为及效益分析等方面。因此，依据农地发展权价值内涵及已有研究，主体功能分区下的农地发展受限就是政府为了促进全社会协调发展，采取行政手段在时空上对不同区域上农地发展权进行配置的一种政府行为，实际上也就是对保护型功能区内农地发展权价值完整实现的管制，受限的直接表现就是受限功能区内农地价值会因分区而发生一定改变，最终使不同功能区内形成了不同的农地发展权价值。

二　主体功能分区对农地价值的限制

（一）主体功能分区对农地价值的限制表现

由于各功能区实行了不同的农地开发政策，必将对区域内农地开发活动产生较大的影响，进而对保护型功能区内具有完全产权的农地价值实现产生不同程度的限制。从已有研究来讲，当前关于主体功能分区对农地价值影响等方面的研究刚刚开始，国内只有少数学者探讨了主体功能分区下有关土地方面的研究，如关注于国土空间开发格局、国土开发政策等领域（杜黎明，2007；周杰，2007；徐根林，2007），缺乏对功能区内农地价值形成及变化等更深层面上的分析。本书中主体功能分区下的农地发展受限问题就是从农地产权价值实现的角度来阐释。主体功能分区对各区内农地价值的限制主要表现在宏观、微观等两方面：

宏观层面上讲，主体功能分区实质上是国家对国土开发格局进行的统筹规划，规划设计内容与各区内具体地块要素相结合，对功能区内土地价值实现产生不同程度的管制，重构了有差别化的农地发展权价值。基于保护农地及生态环境角度，主体功能分区下开发型区域，如优化、重点开发区和保护型区域，如限制、禁止开发区分别明确了各区内整体的农地使用方向，导致各区之间农地开发利用不均衡；依据预期收益原理和最高最佳利用原理，分区必然会对区域内农地使用及土地产权价值实现产生不同程度的（限制）影响（Thomas，2001；Jared，1972），造成整个保护型区域内农地开发总价值的实现受到限制，这属于本书所研究的农地发展受限内容。

图4-1简要描述了宏观层面上主体功能分区对农地价值实现所产生的影响。借鉴斯塔尔于1974年构建的模型①，在正常自然与社会经济条件下，处于D_a点的土地利用受功能区内土地开发管制的影响，其地价就要被压低，而正常情况下，其价值应在P_a水平，现在却降低到P_b水平，低于无分区管制影响时的价格水平P_a点，当农地处于不受功能分区管制因素影响时即在D_c点，又回到正常价值水平。该模型简要地说明了主体功能分区内外农地价值的实现状况，在一定程度上显示出功能分区对农地价值大小的影响。由于农地开发受到一定程度限制，在正常自然、社会经济条件下，限制、禁止开发区内农地市场价格将比优化、重点开发区内农地价格要低。

从微观层面上讲，同一个主体功能区必然会对受限区内的农地发展产生限制，这种限制对农地价值的影响可以从以下几方面考虑：第

① 孟星：《城市土地的政府管制研究》，复旦大学出版社2005年版，第64—65页。

一，功能分区赋予不同容积率下对农地价值的限制；第二，不同开发
情况下农地可能用途的预期净效益所折现的价值是什么；第三，赋予
农地这个用途后，其他用途与当前用途之差额所表现的价值等；这就
是微观层面上主体功能分区对农地价值的限制表现，这种农地价值的
受限研究较困难，需要处理一系列复杂的经济及技术问题。

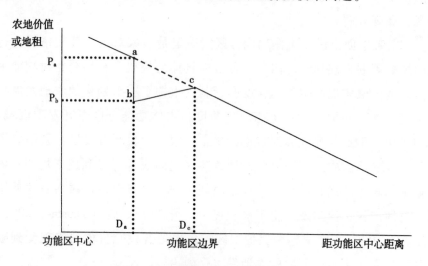

图 4 - 1　分区对农地价值的影响

（二）主体功能分区对农地价值的限制因素

不同的研究视角会得到不同的分析结果。主体功能分区对农地价
值的限制因素就是指由于实施主体功能分区规划而对不同区域内农地
价值完整实现所产生影响的各种因素。从本质上分析，限制因素可以
分为自然因素、经济因素、政治因素等，也可分为区域内部因素与区
域外部因素等。基于下文研究需要，文中主体功能分区对农地价值的
限制因素主要从直接因素，即分区规划管制与间接因素，即产业、税
收等政策两方面进行分析。

1. 分区规划管制

国家在限制、禁止开发区内实行土地用途管制与开发强度调控，
偏重于限制农地的充分开发。这种分区规划管制实质上是为了调控国
土空间开发格局，维护整个区域的资源环境承载力，最终促进区域间
协调发展、保护农地及生态环境，最终在各区形成了具有差别化的农

地价值，是对功能分区内农地价值产生影响的直接因素。

客观上来讲，保护型区域的分区规划管制主要通过区域内土地供需政策、土地发展许可与转移、基本农田保护区规划、城镇建设规划等配套政策（机制）等加以实现；此外，随着区域间经济发展、生态环境不断改善，不同区域内农地价值受限状况也将随着政府对功能分区的调整而不断变化。因此，分区规划管制因素是主体功能分区对农地价值产生影响的重要因素之一，具有典型的政府行为特征，也是最明显的影响因素，分区规划的变动直接影响到不同功能区内农地价值的高低。

2. 产业、财税等政策

主体功能分区规划区别于其他分区的一个重要特征就在于该规划具有一系列配套实施政策；实施全国主体功能区规划，实现主体功能区定位，关键是要调整完善相关政策，其中主体功能区产业、财税等政策其实是对功能分区内农地价值产生影响的间接因素。

按照推进形成主体功能区规划的要求，需要引导优化开发区提升产业结构层次和竞争力，引导重点开发区增强吸纳产业转移与自动创新能力，引导限制开发区发展特色产业，限制不符合主体功能定位的产业扩展，保护禁止开发区生态环境等；这些产业政策其实就是政府在不同功能区间对农地供需进行调控，在限制、禁止开发区采取不同程度的农地开发管制，从而间接限制了保护型功能区内农地价值的实现；同时，在功能区内实行的利率财税、补偿政策等也能通过市场机制调控土地供需，间接对不同功能区内农地价值产生限制性影响；与分区规划管制因素相比，产业、财税等政策因素具有市场机制特征，间接地对功能区内农地价值产生影响。

三　主体功能分区下农地发展受限程度分析

根据各功能区内主体功能设置及土地政策定位，主体功能分区在不同功能区内实行差别化的土地开发政策，主体功能分区下农地开发受到了不同程度的限制，优化开发区偏重于调整土地利用结构，农地开发从数量要求向质量要求转变，重点开发区则应适当扩大区域内建设用地增量，通过征税方式保护区域生态环境与资源承载力；总之，从农地发展权内涵来分析，优化、重点开发区基本不存在农地开发受限①，甚至还应加大土地开发税费的征收。

主体功能区中的限制开发是指为了维护区域生态功能而进行的保护性开发，对开发的内容、方式和强度进行约束。禁止开发也不是指禁止所有的开发活动，而是指禁止那些与区域主体功能定位不符合的开发活动。限制、禁止发展区主体功能是为了保护农地、维护自然生态环境等，但限制开发区不可能完全脱离工业化进程，应该支持当地资源性产业的发展。在建设用地指标上，对于限制开发区内一些地区发展资源性产业将给予一定土地指标；禁止开发区域多为生态脆弱区域，资源的承载力不堪重负，区域内重点在于执行退耕还林和生态修复补偿政策，这两个区域是主体功能分区下农地开发管控的重点区域。

限制、禁止开发区内减少现有农地开发发生的概率，不允许完全释放土地空间开发潜能，这些必然导致受限区域内农地发展权价值减少，影响区域内土地产权价值的完整实现。要严格对限制、禁止开发区域的土地用途管制，严禁改变生态用地用途②，限制开发区主要包括水土流失区、特定农田保护区等土地类型，因此，限制开发区对区内农地价值的完整实现存在着一定程度限制；禁止开发区主要包括生态敏感区、国家森林公园以及自然保护区等，区域内农地不允许经济开发，因此受到更大程度甚至完全程度的管制。

不同的主体功能区定位会对各自区域内农地价值实现产生不同程度的限制（或管制），各主体功能区按照各区域农地开发受限程度从高到低排列依次为：禁止开发区、限制开发区以及优化开发区和重点开发区，这种状况不仅反映了我国政府对土地的空间发展要求及规划管制效果，同时也反映了不同区域内稀缺的土地资源在市场机制下产

---

① 尽管有学者认为，在我国主体功能区划建设中，优化发展区、限制发展区和禁止发展区都面临不同程度的开发强度、密度和容积限制（陈秀山，2006），但现有多数研究都认为功能区中偏重于农地生态保护、限制土地开发的区域主要是指限制、禁止开发区。

② 2007年国务院下发《关于编制全国主体功能区规划的意见》中"区域土地政策"部分。

权价值的实现。

研究主体功能分区下的农地发展受限，对于拓宽主体功能分区下有关土地问题的研究领域，多方面分析主体功能分区土地政策影响范围，维护相关主体的产权权益，增强主体功能分区配套政策的可操作性等方面都具有重大而现实的意义。由于主体功能分区规划当前并未真正实施，因此，不能采取传统的管制分析方法来研究功能分区对区内农地价值的限制程度，本书论述了主体功能分区下农地开发受限的理论基础，尝试构建出测度主体功能分区下农地开发受限程度模型，从而为下一步研究奠定基础。

第二节　农地发展受限测度的方法对比及选择

第一种方法是生产规模法。首先分别求出限制与禁止开发区内整体农户对农地的理论最佳（生产资本）投入规模，该投入规模情况下区域内农地纯收益最大化；接着确定出各调查区域内农户对农地的实际投入规模，进而得到各区域内农地最佳投入规模与其区域内农地上农户实际投入规模之差，最后根据不同功能区内这两种投入规模之差与各区对应农地最佳投入规模之间的比例分别测算限制、禁止开发区下农地发展的受限程度。

在不改变农户经营规模前提下，某个功能区农户生产投入方面存在着理论上最优规模，该最佳投入规模即适度投入规模，在这个投入规模上，区域农户生产投入的利润达到最大化，功能区内农地系统的功能得到最佳发挥，可作为衡量整个功能区农地开发强度适宜与否的标准；分析中应先求出整个功能区内农户纯收益函数 π，若 K 代表功能区内农户投入的成本函数，则理论最佳投入规模在 $\dfrac{\mathrm{d}\pi}{\mathrm{d}K}=0$ 时得到。

从投资政策来看，主体功能区对受限区域内农地开发的管制主要体现在功能区内被允许的土地投入力度上，在一定功能区内国家、集体等对农地的持续、大规模投入十分有限，因此，通过分析农地上的农户投入规模可以衡量不同功能区对农地价值所产生的影响，得到不同的功能区对农地价值的管制程度，这也符合一定理论基础，是可行的。

采用该方法关键就是求出功能区内农户生产投入方面的理论最佳投入规模，相关分析参见图 4 – 2。

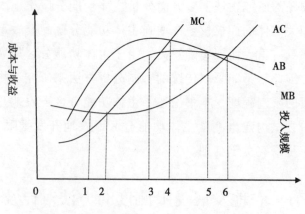

图 4 – 2　功能区内农户投入的收益与成本

图 4 – 2 中横轴代表功能区内农户投入规模，纵轴代表区域内农地的成本收益状况。AC 代表区域内农户生产的平均成本，MC 代表区域内农户生产的边际成本，AB 代表区域内农业生产投入的平均收益，MB 代表区域内农户生产投入的边际收益。根据分析，图中 1 点代表农户投入最小合理规模，小于此点，规模不经济；2 点代表平均成本最小点，3 点代表农户平均净收益最大化。而在投入规模点 4 点上，区域农户生产投入的纯利润达到最大化，整体农户投入的边际成本（MC）等于边际产出（MB），功能区内农地系统的功能得到最佳发挥，该规模点（4 点）就是衡量整个功能区农地开发强度适宜与否的标准，是区域内农户投入的最佳规模点。

该方法对整体理论构建要求不高，分区下农地发展受限实质上也是指农地价值实现所受到的管制，但该管制是指功能区内农地农业开发所受的限制，是从农户投入的角度来分析功能分区对农地开发的管制，与本书所确定的农地发展受限内涵并不完全一致，此外，在估算整个区域农户最佳生产投入规模及实际投入规模时需要做出很多假定，对函数形式也有特殊要求，实际应用中所需解决问题也较多。

第二种方法是资产定价法。通过对农地价值构成的分析，将"主体功能分区规划"因素纳入分析农地价值形成过程当中，运用资产定价理论对功能区划分前后区域内农地实现的价值进行分析，将分区后形成的农地价值与正常条件下农地产权完全实现的价值进行对比反映两种农地价值之间的差距，并以此来衡量主体功能分区对区域内农地发展所产生的限制。该方法能较好地满足本书所确定的主体功能分区下农地发展受限内涵，方法具有简单、易行、可操作性较强等特点，但在模型构建时也需要对有关问题做出合理假定，且估算结果的准确性受限于限制、禁止开发区完全产权农地价值的估算，仍然具有一定难度。

随着社会主义市场经济的发展，作为经济发展中的重要生产要素，农地正逐步表现出它的资产特性①。综合分析，从测算的可操作性及合理性考虑，选用第二种方法，即资产定价法能较完整地体现农地价值构成，且与本书的农地发展受限内涵基本吻合，更适合从宏观层面上分析主体功能分区对农地发展的管制。另外，受条件因素等制约，本书仅依靠资产定价法估算农地发展受限管制，没有采取其他技术方法进行计算，当然，随着条件的完善与理论的发展，可以尝试运用多种理论方法综合对比修正，增强选用方法及模型的严密性，以确定出符合主体功能分区下农地发展受限程度的好方法，这是可行的，效果也可能更佳。同时也应看到，本书中的农地发展受限研究仅考虑"分区规划"对农地开发的限制，并未考虑产业政策、利率财税政策等对农地价值的影响。

第三节　农地发展受限测度的理论基础

资产的交易是市场经济发展的内在需求，交易的核心是定价。权益资产是资产的基本形式，故其定价的原则和方法是金融学、投资学研究的根本问题（陈晔，2005）。资本资产定价相关问题的研究最早可以追溯

---

① 周建春（2005）认为，土地资产主要用于对土地价值的量的确定时使用，而土地财产则主要用于对土地价值归属的质的确定时使用，但在大多数情况下可以通用。"耕地"是带有土地权利的土地资源，即带有土地权利的并为人类所利用的土地，因此，属于土地资产的范畴。

到 1738 年 Bernoulli 向圣彼得堡皇家科学研究院提交的论文。在这篇题为《关于风险衡量的新理论阐述》的论文中，他首次提出并解决了不确定条件下的资产决策问题（杨静芳，2004），开启了进一步研究的空间。

资本资产定价模型（Capital Asset Pricing Model，CAPM）是继哈里·马科维茨于 1952 年建立现代资产组合理论后，威廉·夏普和约翰·林特、简·莫森等人分别独立导出的资本资产定价模型。模型主要研究证券市场中均衡价格是怎样形成的，以此来寻找证券市场中被错误定价的证券。它在现实市场中得到广泛的应用，成为普通投资者、基金管理者和投资银行进行证券投资的重要工具之一。进入 20 世纪 60 年代后，Sharpe 等人在 Markowitz 均值方差分析框架及 Tobin 分离定理推导的资本资产定价模型（CAPM）基础上构筑了现代资产定价理论的基石。此后，资产定价理论在 CAPM 基础上快速发展起来。

在社会主义市场经济条件下，农地的资产特性正越来越多地被人们接受与认可。根据资产定价理论，当农地作为"资产"时，应主要分析以下两方面内容：第一，有关农地产生的未来现金流及其风险问题；第二，为了保证土地所有者稳定收益，研究农地利用下投资组合均衡问题；根据本书研究需要，本书选择农地未来收入流等相关问题进行分析。

资产定价理论的核心问题可以用一句话来表达：价值等于期望折现偿付。所有的资产定价理论实际上都是针对上述论点进行拓展（武英杰，2008），该理论认为，可将很多影响因素通过一个统一的简单的未来现金流的贴现方式加以解决（陈彦斌，2004；薛燕，2005）。资产价格是指资产的交易价格，它既决定于资产收益也决定于资产的预期增值，即资产出售以后实现的资本性溢价（王海勇，2004），土地权利所带来的未来收益的大小，决定了这一土地权利的价格高低，从而也决定了土地权利拥有者的资产大小。按照现代资产定价理论，当土地被当作资产看待时，土地价格不仅受到土地当前收益的影响，同时还受到将来进一步开发时产生的资本收益的影响，资产定价理论就是要通过精确描述影响资产未来将获得的收入现金流，引入不同的收入流决定因素，从而分析其最终形成的具体资产定价模型，可把各种影响农地未来纯收益的影响因素纳入定价理论进行分析，这些就是本书构建农地发展受限程度模型的基本理论。

在我国市场经济条件下，研究时可将农地看作能在市场上流转交易的"资产"，将我国当前的农地利用作为风险中性进行分析。假设农地总价格为 p，农户拥有的农地在非农转用下的预期资本收益为 ΔR_δ，当前农地使用下的利用收益为 R_0，利息率（农地以外的资产收益率）为 i；借鉴有关学者研究（王海勇，2004），根据资产定价理论，在不考虑政府措施以及不确定因素等情况下，从本质上讲，农地市场的均衡条件为：农地资产的收益率等于市场上其他资产的收益率，

$$即，i = (R_0 + \Delta R_\delta)/p \qquad （1）式$$

从上式推导可得：

$$p = P(R,i,n) = VA_{n-1} + VD_n = F(R_0,i,n) + \varphi(\Delta R_\delta,i,n)$$
$$（2）式$$

其中，n 表示农地未来转用年份，VA_{n-1} 表示一直到 $(n-1)$ 年期间农地当前利用状况下所获收益的现值，VD_n 表示第 n 年转用时资产的预期价值。

根据资本资产定价理论（Capital Asset Pricing Theory），有开发潜力的农地市场价值将由农地未来农业收益流的折现值和转变为一种非农用途选择的价值两部分组成（Cynthia，2001），该价值反映了具有开发潜力的农地的完全产权价值[1]；同时，从本质上讲，（2）式结果也符合基于"内在价值"的权益资产定价理论[2]，这表明，农地未来转用的预期收益会影响其现期价格，如果农地转用后未来收益价格上升，则现期土地价格立刻上升，因此运用该理论能较完整地表达农地

---

[1] 王小映（2003）认为，那些规划待转用的农用地，由于规划允许进行开发建设，因此享有土地发展权，其市场价格就会升高至建设用地价格水平，在此，规划允许开发的农用地市场价格并非完全由建设用地价格来反映，其价值内涵应综合反映具有开发潜力、具有最高用途回报（建设用地）的农地价值。

[2] 从"内在价值"角度研究权益资产定价问题的理论基础是由格雷厄姆（Graham）于1930年在《证券分析》中提出的"资产价格围绕内在价值波动"；Williams 于 1983 年提出股利折现模型（DDM），即权益资产的内在价值是未来各期收益折现值之和，以上内容参看（陈晔，2005）。

价值内涵。

以上研究结论是建立在未考虑政府因素影响等的情况下而得到的，但实际上，就农用地而言，其发生、发展深受人类活动的影响，同时，作为智力劳动的土地利用规划、土地管理等对农用地价值形成的影响越来越大（安晓明，2004；胡蓉，2007）；我国提出的主体功能分区是国家利用合法的行政权力对国土开发格局进行的统筹规划管理，由于各区内区位条件、经济发展状况、土地投资因素等不同，在不同的主体功能区内执行了差别化的土地开发政策，这使规划设计与各功能区内具体地块相结合，最终对各功能区内农地价值产生不同程度的管制，重构了各区有差别化的农地价值。

在自然及社会经济条件不变情况下，开发严格受限的区域内由于实行土地用途管制等，使受限区域内农地未来非农转用收益不能实现，进而影响农地资产定价，因此，依据资本资产定价理论，当考虑将农地价值影响因素中不能忽视的"功能分区规划"因素 λ 纳入定价理论分析框架时会有：$\Delta R_{\delta} = \varphi(x_i, n, \lambda) = 0$；同时，依据（2）式，则有：

$$p_{\lambda} = P(R, i, n, \lambda) = F(R_0, i, n) +$$
$$\varphi(\Delta R_{\delta}, i, n, \lambda) = F(R_0, i, n) = VA_{n-1} \qquad （3）式$$

政府是否采取土地利用管制（规划）对农地未来收益的实现将起到决定性作用，这种管制实质上就是对农地未来可能实现的非农开发收益的限制。主体功能分区对各功能区内农地未来非农转用纯收益现金流产生了重大影响，根据农地发展权价格内涵，这部分可能实现的转用价值主要是功能区内农地上的发展权价值，（3）式就是政府分区规划下区域内农地实现的价值，是主体功能分区规划对受限区域内农地开发活动管制所带来的结果。

基于以上研究，我国主体功能分区下农地发展的受限程度可以从资本定价理论中寻找内在逻辑；通过"主体功能分区"下实现的农地产权价值与正常情况下产权完整价值之间的比例来衡量两种农地产权价值之间的差额，以此来确定农地价值（开发）受限程度，这是研究农地发展受限补偿所需解决的核心问题，决定了整个分析框架的基本结构。

第四节　农地开发受限程度模型构建及区域选择

一　受限模型构建

（一）基本假定

1. 假设限制、禁止开发区内所有农地上的发展权价值都能随时实现

尽管每块农地上都存在着农地发展权（王万茂，2006），但农地发展权价值不是任何地点、任何时间都能够实现的，因此，为了保证模型构建的严密性，更好地从宏观上分析"分区管制"对完全产权农地价值实现的影响，本模型假设限制、禁止开发区内所有农地地块都具有可开发性，都可能实现农地发展权价值。

2. 假设分区下农地价值实现过程中主要是"分区规划"这一因素起作用

现实中，可开发农地的价值形成及实现过程中除了要受到政府分区规划因素影响之外，还要受到政策因素、区位因素、社会经济因素等多种因素的影响，为了更准确地衡量主体功能分区规划对农地价值实现所产生的影响，本模型假设保护型功能区内农地价值形成过程中忽略掉"分区规划"之外其他因素的影响，这是受限程度模型构建的重要前提。

3. 假设同一区域内农地所承受的分区管制程度是一致的

自然、社会经济条件的差异可能导致同一功能区内不同地点农地所承受的分区管制存在一定差异。由于研究的是宏观层面上的分区管制影响，因此须去除各地点农地所受管制程度的差异性，保证同一区域内农地所受管制基本一致。

（二）模型构建

构建基于主体功能分区的农地发展受限模型的关键在于科学、合理地设计限制开发区内农地价值实现所受到的管制程度。根据各功能区主体功能设置及土地政策要求，实施主体功能分区规划时，政府对

区域内不适应各自主体功能要求的农地开发实施不同程度的管制。

一般来讲，优化开发区偏重于调整土地利用结构，农地开发从数量要求向质量要求转变，该区农地基本处于供求平衡状态，重点开发区内着重挖掘农地开发潜能，适当扩大区域内建设用地的增量。优化、重点开发区基本不存在农地开发受限。因此，优化开发区管制系数 $k_{优}$ 为 0；由于重点开发区增加建设用地面积、增强土地开发力度，将会在一定程度上对区域内生态环境产生不利影响，应通过征税方式调控农地发展对环境所造成的负外部性，按照分析，该功能区内农地价值管制系数 $k_{重}$ 为税率（负值）；因此，限制、禁止两个功能区对区域内农地发展产生的限制问题正是主体功能分区下农地开发受限模型构建的重点。

从农地价值内涵上讲，在一个竞争土地市场中，农地价格等于未来地租流的折现限制，如果发展的地租在将来超过了农业地租，未来开发的较高地租将被资本化到农地的当前价格当中，完全产权、具有开发潜力的农地价值将是农地农业用途价值与农地发展权价值的综合反映（Andrew，2001；邹秀清，2006），或者一块宗地的价值被分成两个部分：作为耕地和开阔空地的价值（一般基于正常的该土地现时用途的收入）加上土地未来发展权利的价值（主要依据土地被开发时正常预期的未来收入）（Veseth，1979），因此，可以此为基础重构农地价值组成并构建农地发展受限模型。

若第 i 区域内农地总价值为：$p_i = VA_{i农} + VD_{i发}$ （4）式

考虑到可开发农地价值采用 CVM 方法估算，借鉴公式（2），第 i 区域内未受到分区管制的农地总价值为：

$$p_i = VA_{i农} + VD_{i发} = s_i \times \sum_{i=1,j=1}^{i=2,j=n} \left[l_{ij} \times E(WTP_{ij}) \right]$$

（5）式

当区域 i 被划归保护型功能区（限制、禁止开发区）时，区域内就承受功能分区所带来的农地开发管制，根据公式（3）及已有研究，区域内受管制所能实现的农地总价值即为该区农地农业用途价值，此时功能区 i 内农地总价值为：

$$p_{i\lambda} = VA_{i农} = s_i \times \sum_{i=1,j=1}^{i=2,j=n} \left(l_{ij} \times \frac{A_{ij}}{\gamma} \right) \qquad (6)\ 式$$

此时，p_i 与 $p_{i\lambda}$ 为"功能分区管制"因素 λ 纳入农地价格形成之前、之后情况下，区域 i 内分别实现的农地总价值；基于资产定价理论，这两个农地总价值之间的比例关系就充分体现了主体功能分区对农地发展所带来的管制，因此，保护型功能区 i（限制、禁止开发区）内农地发展受限模型最终可表示为：

$$k_i = p_{i\lambda}/p_i = \sum_{i=1,j=1}^{i=2,j=n} \left(l_{ij} \times \frac{A_{ij}}{\gamma} \right) \Big/ \sum_{i=1,j=1}^{i=2,j=n} \left[l_{ij} \times E(WTP_{ij}) \right]$$

$$(7)\ 式$$

二　研究区域选择

研究区域主要依据《武汉城市圈总体规划》有关主体功能区的划分[①]，考虑到主体功能分区可能打破行政区划，因此，研究中结合湖北省各地自然、经济特征划分出最终的主体功能区，分区打破了行政区划，其实也就是第三章研究中所划定的两个典型调查区。

（一）限制开发区

宜昌位于鄂西，是鄂西生态文化旅游圈重要组成部分，虽然并未被划入武汉"8 + 1"城市圈，但是武汉城市圈在更大范围、更宽领域实现资源优化配置、实现湖北省"两圈"建设的重要保证[②]，境内市辖区、宜都市等距离武汉、黄石、鄂州经济走廊沿线经济发达的优化开发区[③]较远，夷陵、兴山县等属于三峡库区水源涵养生态功能区[④]，区域附近三峡水电站等水利枢纽大量分布，长阳、五峰、远安

① 《武汉城市圈15年规划将出台9大城市分三级》，2007年7月25日，来源：中国经济网，http://www.yingchengnet.com/2007 - 07/28/cms410688article.shtml。

② 《深入解放思想 推动科学发展》，2008年11月，http://www.jmepb.gov.cn/read.asp? id =714。

③ 参见《武汉城市圈首次规划"主体功能区"》，http://www.szplan.gov.cn/main/ghdt/hyxw/200708270211496.shtml。

④ 《湖北省土地利用总体规划大纲（征求意见稿）（2006—2020年）》，http://blog.sina.com.cn/s/blog_ 4a6d40030100axcj.html。

等地属于山区，生态环境脆弱，需要综合治理水土流失，这些县市附近区域有多处国家级风景区，三峡旅游、生态旅游等构成了独具特色的生态、人文旅游格局，需要重点保护；境内的枝江市、当阳市境内工业基础雄厚，矿产资源丰富，综合经济水平多年位居湖北省县市前列，应属于优化或重点发展区，参考《湖北省土地利用总体规划大纲（2006—2020 年）》意见，本书最终考虑将除当阳市、枝江市之外的宜昌市大部分辖区，即宜昌市辖区、夷陵区、宜都市、长阳、五峰、远安等县市列为限制发展区。

仙桃市是国家重要的粮、棉、油、渔生产基地，在 2007 年年底审议的《武汉城市圈城镇布局规划》中仙桃已被列为江汉平原旅游区，尽管武汉城市圈发展规划将天门—仙桃—潜江城镇组团划为重点发展区，但根据仙桃市自然、经济及生态特点，市内东南角之五湖为最低处，南临东荆河与洪湖，境内有分洪区、人工湿地资源等，生态环境脆弱，近年来由于不合理、过度开发资源已造成这些区域内部不同程度的生态环境问题，需要进一步改善；仙桃市东面、南面则毗邻划归幕阜山脉的风景旅游城市咸宁，这正是城市圈规划的限制发展区范围，因此，完全将仙桃市划归重点开发区并不妥当，本书考虑将其市辖区以及南面、东面近 8 个乡镇等区域也一并划入限制发展区。

因此，基于武汉城市圈的"两型"试验区发展权补偿研究需要，将除当阳市、枝江市之外的宜昌市大部辖区以及仙桃市辖区与其南面、东面近 8 个乡镇等区域一并划入限制发展区，即前文（3 章）中所划定的一个调研区域，发展权定价研究时实地调研及资料收集已在该区域范围内展开。该区总人口约 382.72 万人，其中农业人口261.61 万人，常用耕地面积 184.52 千公顷，其中水田 66.74 千公顷，旱田 117.78 千公顷，分别占农地（常用耕地）总面积的36.17% 与 63.83%。

（二）禁止开发区

2007 年荆门全市水土流失面积占国土面积的 22.77%，每年流失土壤约 602.5 万吨，属严重水土流失区，且市内农村面源污染存在加重之势，最突出的问题是农村饮用水源遭到严重污染①，虽然荆门并不属于武汉城市圈9市之内，但是湖北省粮棉油的重要产区，处于武汉"8＋1"城市圈与鄂西生态文化旅游圈真正交界的地方，是鄂西文化圈的重要组成部分②，所辖沙洋是全国商品粮基地，境内设立有大片基本农田保护区；钟祥境内建有多座大型水库，拥有大口—虎爪山国家森林公园以及世界文化遗产——明显陵，境内遍布景区，大多都是国家级大洪山风景名胜区的重要组成部分。市辖区城郊的漳河水库是全国八大人工水库之一，被湖北省评定为省级重点旅游区，也是远安、当阳、荆门等周边县市居民的饮用水源，市内有大口、太子山、虎爪山、千佛洞4个国家森林公园，生态保护尤为必要。

　　荆门境内京山县地处湖北省经济最活跃的武汉—襄樊—宜昌大三角中心地带，工农业发展水平较高，多年居于湖北省经济效益目标考核"十佳"县市，不适合纳入禁止发展区，因此，综合考虑不同区域之间差异特征，根据我国"十一个五年规划纲要"规定③及《武汉城市圈总体规划》关于主体功能区的划分，也考虑到该市历史文化名城和生态宜居城市定位，文章选择将荆门市辖区、沙洋县、钟祥市划归禁止发展区，即发展权定价研究中所划定的荆门研究区域，这也符合禁止开发区国家、省级划定要求；据已有统计，该区内人口共计约233万人，其中农业人口146.52万人，常用耕地面积195.69千公顷，其中水田129.74千公顷，旱田85.95千公顷，分别占农地（常用耕地）面积的66.3%与33.7%。

第五节　模型结果分析及解释

　　主体功能分区下的农地发展受限主要发生在限制、禁止开发区

---

　　① 《荆门市环境保护"十一五"规划》，http：//dept3. jingmen. gov. cn/Html/jmfgw/fgw_ fzgh/fgw_ fzgh_ zxgh/2006－8/18/0840116613. html。

　　② http：//iptv. cnhubei. com/2009－01/16/cms719687 article. shtml。

　　③ 禁止开发区是传承本区域文化遗产、确保生态平衡和自然特色、改善区域生态环境质量的区域。

内，受限程度测算也主要在这两功能区内进行。限制、禁止开发区农地价值、农地农用价值等数据直接来自第三章（见3.5、3.3节）。将相关数据代入公式（7），则：限制开发区农地发展受限系数 $k_限$ = 0.208，禁止开发区农地发展受限系数 $k_禁$ = 0.49。

一　不同类型功能区内农地发展受限程度具有较大差异性，其中优化、重点开发区基本不存在农地发展受限

　　基于当前国家关于主体功能区土地政策设置，优化开发区需改变目前工业用地比重过高、商业等第三产业用地比重过低的局面，盘活功能区内城乡建设用地存量，调整土地利用结构，实现农地供需平衡；重点开发区则强化土地开发利用，在保证基本农田不减少的前提下适当扩大重点开发区建设用地供给①，提高土地开发利用强度，因此，优化、重点开发区内基本不存在对农地进一步可能开发的管制，这也就表现为限制、禁止开发区农地发展管制系数为负值或零。除此之外，主体功能区内重点强调农地保护及生态环境维护的区域类型正是限制、禁止开发区，这两区域都抑制了不利于生态环境保护的农地开发活动，且区域内对农地及生态环境保护的力度具有较大差异性，限制开发区内农地及生态保护力度小于禁止开发区内保护力度，从而必然导致禁止开发区内农地发展受限系数要大于限制开发区，该结果符合理论分析及现实状况，也与当前主体功能区政策研究方面多数观点相吻合。

二　同一功能区内农地发展受限程度的一致性可从农地价值内涵中寻找逻辑

　　考虑到无开发限制的农地价值主要由农地的农业用途价值和未来非农转用纯收益的折现价值等组成，在扣除交易成本或转化成本等情况下，农地价值实际上就是该农地的农业用途价值和农地发展权市场

---

① http://www. lunwenwang. com/Freepaper/Economicalpaper/economictheory/200810/Freepaper_ 34853. html.

价值两部分综合构成，这种价值构成在本质上体现了市场经济中农地完全产权的价值，为我们深入分析土地利用及管理政策等提供了理论基础。由于自然及社会经济条件不同，主体功能区内不同区位上的农地面临着不同的土地开发可能，而同一个功能区内实施的农地用途管制政策则相对一致；因此，根据以上农地价值定义，从宏观层面上讲，本书中同一个功能区内分区规划对农地正常开发施加了同样的用途管制，这种管制主要表现在农地发展权价值实现上，最终在受管制区域内形成了较低的农地总价值，以此为基础将分区规划实施前后的农地价值进行对比就可以衡量整个功能区内农地发展受限程度。

三　相比较而言，禁止开发区农地发展受限程度更大于限制发展区内受限程度，禁止开发并非意味着完全程度的农地发展管制

《国家"十一五"规划纲要》指出，要根据禁止开发区的营利性和非营利性特点，实行分类监管。禁止开发区域仍可以采取经营营利性的经济开发活动，但须防止超出其承载能力的开发活动，禁止开发区不是要禁止所有的土地开发活动，而是要禁止所有与功能区主体功能不相符的生产活动（侯晓丽，2008；国家发展改革委国土开发与地区经济研究所课题组，2008），因此，禁止开发区仍需要修建部分设施、占用农地进行特色产业基础设施建设等，彻底禁止区域内所有土地开发利用活动、实施完全程度的开发管制实际上是不符合主体功能区规划实施原则的，基于以上分析，农地发展受限程度总体上可能小于1；此外，区域内农地发展受管制程度的高低要受到调查所得的农地总价值大小的影响，研究中所划定的禁止发展区是基于《武汉城市圈总体规划》等规划要求将荆门部分地区进行划归，并非完全是按照国家自然保护区、国家森林公园、国家重点风景名胜区、世界自然文化遗产、国家地质公园等类型进行划分，这种划分可能导致最终估算的禁止开发区农地总价值出现一定偏差，由此造成禁止发展区内农地发展受限程度（0.49）比理想状态中的发展受限程度低也是正常的。

小　结

1. 主体功能分区下农地发展受限主要是指限制、禁止开发区等保护型区域对农地完整价值实现的管制，管制主要是对农地发展权权益实现的限制。可从功能分区下农地发展受限本质、分区对农地价值的限制以及农地发展受限程度等方面理解主体功能分区下农地发展受限内涵。按管制程度从高到低排列各主体功能区依次为禁止开发区、限制发展区、优化开发区和重点开发区。

2. 通过对生产规模法和资产定价法进行对比分析，借鉴资产定价理论，从分区规划影响农地收益现金流乃至农地价值的角度构建主体功能分区下农地发展受限模型进行实证分析。将湖北省宜昌、仙桃部分地区以及荆门部分地区分别作为限制、禁止开发区进行研究，结果表明：同一个功能区内农地发展受限程度基本保持一致，其中，优化、重点开发区基本不存在农地发展受限，并且重点开发区还应对土地开发活动征收税费，限制开发区对区域内农地开发的限制程度为0.208，禁止开发区对区域内农地开发产生更大程度的限制，其管制系数为0.49。

第五章

基于主体功能分区的农地
发展权补偿标准

农地发展权补偿标准是决定主体功能分区下该补偿多少的问题，合理的补偿标准是补偿机制得以良好运行的核心问题，是补偿机制建设的中心问题之一，关系到价值补偿的最终效果和整个补偿机制的合理性等。本章首先论述了基于主体功能分区的农地发展权补偿内涵，即补偿实质与补偿特点，接着从多个角度论述了发展权补偿标准，并在前两章理论分析及实证研究基础上，通过补偿标准的理论分析构建农地发展权补偿标准，最后定量研究了限制、禁止开发区农地发展权补偿标准额。

第一节 基于主体功能分区的
农地发展权补偿内涵

一 农地发展权补偿实质

补偿，是指抵消（损失、消耗）；补足（缺欠、差额）[①]。现实中，人们常常在两种意义上使用补偿的概念，一是对损害和损失的

---

① 中国社会科学院语言研究所词典编辑室编：《现代汉语词典》，商务印书馆2002年5月修订第三版，第100页。

填补①，它是传统意义上的概念，其实质在于对损害的填补，比如损失补偿②、侵权赔偿、民事损害补偿等；二是对生活补助费用的一种支付③。它是人类文明进步和发展到近现代社会的产物，如德国首相俾斯麦就此发表了一个类似的非常现代化的观点，对近现代国家补偿等补偿理论的发展奠定了一定基础。

补偿是社会再生产过程中客观存在的经济范畴，我国当前补偿方面分析较多的就是国家补偿，是指国家对非违法侵害或合法侵害给受害人造成的损失或损害所进行的给付救济（司坡森，2004）；同时，当前分析资源补偿方面的研究多集中在水资源、矿产资源、森林资源、农地（征收）补偿、城市用地补偿等领域（程玲俐，2004；李国平，2005；刘韶岭，2006；钟全林，2007；柳志伟，2007）；随着经济发展与社会环境之间矛盾日益突出，研究重点逐渐转移到自然资源的生态补偿依据、补偿标准、补偿范围以及补偿方法等方面。自然资源的价值补偿就是对人类生产生活中所造成的资源耗费、生态破坏和环境污染等进行恢复、弥补或替换的价值表现（安晓明，2004），资源价值补偿不足也是经济再生产过程中的常态，主要包括物质生产、人的生产以及环境生产"三种生产理论"中的自然资源补偿问题。

中国城市化演进要趋向均衡，将取决于农村土地产权配置状态的改进（赵小谛，2006），要提高不可移动性资源的地域空间配置效率，只能通过外部市场、政府力量的调整和有效配置（保建云，

---

① 比如美国"宪法上的保护的本质在于确保用金钱填补财产损失。金钱补偿了财产所有人的财产损失，这样他（被征用人）的财富和从前一样并未因此而减少"。见 Theodore J. Novak, Brianw. B‐aesser, Thomas F. Geselbracht, "Condemnation of Property: Practice and Strategies for Winning Just Compensation", *Wiley Law Publications*, John Wiley&Sons, Inc. (1993), p. 35。

② 损失补偿是因国家的合法活动对国民造成损失所给予的补救。见［日］室井力主编《日本现代行政法》，中国政法大学出版社 1995 年版，第 192 页。

③ 比如以色列《国民保险法》第一章解释及一般规定对"补偿"的定义所作的解释为："补偿"是指根据消费价格指数对生活补助费用的支付，是对生活补助费用的一种预先支付，或是根据在以色列代表最大多数雇员的雇员。

2002）。经济学的核心问题就是解决资源的优化配置问题，区域经济发展中由于对土地资源需求的扩大导致各功能区内土地资源供给紧张，体现的这部分价值被称为"经济价值"，它取决于土地资源的有用性和稀缺性。应该对功能分区所导致各区的土地资源稀缺经济价值进行补偿，防止加剧供求矛盾，促进经济可持续发展。主体功能区是政府从开发的角度进行主体功能划分，是具有战略性和综合性的地域空间开发规划（张虹鸥，2007；周杰，2007）；根据各区主体功能设置，不同区域实行不同的土地用途管制和开发强度调控，这正是以政府为主导跨区域配置土地发展权，提高土地资源的空间利用效率促进城市化发展的重要举措，值得我们进一步研究探索。

　　规划的调整会降低特定区位的土地使用权人财产权利预期，亦可能使该财产减值。应由政府补偿来调节收益分配机制，具体而言包括两个方面：农地生态环境补偿与农地非农开发权补偿（李志勋，2005）。根据土地资源稀缺性原理及最高最佳使用原理，我国主体功能分区在各区采取有差别化的土地开发政策，为了实现整个地区基本公共服务均等化与全社会经济协调发展，在限制、禁止开发区内设立农田保护区、自然保护区以及国家森林公园、生态湿地保护区等，限制或禁止土地资源开发，保护生态环境，这不属于城市规划的分区控制，已经构成了特别牺牲要件[1]，分区限制转移了不符合各区主体功能要求的土地开发，这必然导致保护型区域内农地开发价值减少[2]，农地发展权价值不能完全实现，因此理应由政府或市场等给予相关产权人一定程度的发展权价值补偿，这也符合有关学者的研究[3]。

　　顾名思义，主体功能分区下的农地发展权补偿就是对由于功能分区所造成的农地发展权价值损失给予补偿，实质上是对限制、禁止开

---

　　[1]　黄祖辉、汪晖：《非公共利益性质的征地行为与土地发展权补偿》，《经济研究》2002年第5期。

　　[2]　J. R. Timothy（1995）认为，由于农地开发灵活性被限制，农地价值就会显著地降低，这是规划者管制带来的结果之一。

　　[3]　单新国：《土地发展权法律度研究》，硕士学位论文，西南政法大学，2006年，第38页。

发区内产权人遭受的土地产权经济价值损失进行的补偿，是对功能区内土地资源稀缺性的经济价值、对土地开发受管制的产权价值进行补偿。该补偿以主体功能区为区域范围，以功能区内相关产权主体为对象，以受限农地开发价值弥补为任务，目的是恢复乃至提高功能区受限群体的生产、生活水平或能力。从价值形态上来讲，如果不进行发展权补偿，就会造成各区域之间土地开发利用不平衡，受限功能区内农地价值就不能充分实现，从而影响区域之间经济、社会的可持续发展。

作为一种新型的价值补偿方式，基于主体功能分区的农地发展权补偿与主体功能分区下的生态补偿（贺思源，2006；孟召宜，2008；高国力，2008）以及综合利益补偿等（国家发改委国土开发与地区经济研究所课题组，2008）一样，都是为了保护农地及生态环境、维护功能区内受损者权益、促进主体功能分区顺利实施等，这三种补偿都是从不同的角度、采用不同的补偿模式对主体功能分区下功能区受损者的利益缺失进行弥补，但三者在补偿内容、补偿地位上具有差异性：从补偿内容上讲，农地发展权补偿内容是农地产权经济价值，生态补偿内容是农地生态服务价值等，而综合利益补偿内容是经济、生态、社会利益等；从补偿地位上讲，主体功能分区下综合利益补偿是以生态利益补偿为重点，同时覆盖经济利益、社会利益等在内，因此，生态补偿与农地发展权补偿都是综合利益补偿中的重要组成部分，相比较而言，综合利益补偿具有更为宽广的补偿范围。

与生态补偿与综合利益补偿相比，基于主体功能分区的农地发展权补偿更能与我国当前城镇化、农地非农化进程中的失地农民利益保护、征地补偿制度改革等结合起来，具有简单、可操作性强等特点；农地发展权补偿也能充分借鉴国外农地发展权制度运作的优势，构建出更为科学、合理的补偿标准与补偿模式，以实现最大程度的补偿效果，从而最终促进主体功能分区规划的顺利实施。

二 农地发展权补偿特点

目标多重性：国外相关学者研究认为，为了提高分区效率，避免土地持有者抗争，应对由于实行分区限制而导致土地价值减少的区域进行补偿（Kenneth，2004）。因此，主体功能分区下农地发展权补偿不但能弥补受限区土地产权人产权损失，而且有助于增强主体功能区规划现实操作性，解决优化、限制、禁止区内经济结构调整、环境保护与重点开发区加强土地开发之间失衡可能引发的问题等，拓展农地发展权研究，弥补受限区相关主体的土地产权损失，提高主体功能分区规划的实施效率，兼顾整个地区长远利益并实现全社会可持续发展，具有多重性目标。

　　方式多样性：在当前条件下，我国主体功能分区下农地发展补偿应主要依靠国家进行，即主要由政府负责组织实施，应属于传统意义上的概念，是对由于国家非因公权力主体违法侵害而造成的损失进行弥补的行为，不完全等同于因资源耗费、生态破坏所造成损失的自然资源价值补偿，属于客观损害的补偿方式（司坡森，2004）。为了维护受限者土地产权权益，保证受影响农户生存发展能力不降低，补偿可综合采用财政拨付、政策优惠、税费等政府主导方式进行；随着市场经济发展与我国农地产权体系的不断完善，补偿可借鉴美国等西方国家的农地发展权转移（TDR）、发展权购买（PDR）等市场交易方式，最终实现政府、市场两种方式同时并存、相互补充的合理发展权补偿模式。功能区性质不同，发展权补偿方式不同，功能区层级不同，发展权补偿方式也不同，应根据各功能区经济发展状况及其功能定位做好具体补偿方式的选择，以达到最佳补偿效果。

　　制度保障性：主体功能分区区别于其他多数分区类型的特点就在于设置了与不同功能分区相适应的、差别化的政策措施；基于主体功能分区的农地发展权补偿目标最终实现，需要有一系列合作机制、互助机制、补偿机制等配套政策或制度作为保障，相关的制度、政策对落实主体功能分区下农地发展权补偿机制具有重要的促进作用。要在合理确定发展权补偿标准的基础上，综合采取法律、财税、行政等手段保障功能分区下农地发展权补偿真正落实，使发展权补偿长期化、法律化、制度化，并确保各区域主体功能的维护。

第二节 主体功能分区下农地发展
权补偿标准理论分析

补偿标准是实现基于主体功能分区的农地发展权补偿机制的核心问题，关系到补偿的最终效果，补偿标准应公平合理，不能加重或降低补偿量，这正是基于主体功能分区的农地发展权补偿公平性所在。该补偿标准涉及主体功能区及农地发展权等一系列重要问题，要对其进行准确衡量并实证研究将存在一定困难。

一　不同的补偿标准及其利弊分析

一种补偿标准是发展受限综合补偿标准，即完全补偿标准。该标准综合考虑限制、禁止发展区农民由于农地发展权受限所带来的收益损失，补偿标准是以区间形式存在。首先通过数据资料等估算出由于主体功能分区管制而导致区域内可能产生的农地产权经济价值损失，这是受限区农民等可接受的最低发展权补偿标准；然后通过意愿调查等多种方法评估重点开发区发展所带来的负外部性，如限制、禁止开发区所承受的机会成本、搬迁成本、额外影响等潜在因素所表现出来的损失，这些就是由于发展权受限而带来的社会价值损失，是社会可能给予受限区农民等群体的最高发展权补偿标准。最终确定的农地发展权补偿标准应介于最高标准与最低标准之间，并以区间形式存在，具体补偿额要根据不同区域特点及其实际经济状况等综合确定。该补偿标准建立在对受限区域内群体所受损失的基础之上，综合考虑主体功能分区对受限区域内农地发展权受限所带来的各种福利损失，总体上比较科学、全面。我国现阶段财力有限，而且在当前条件下各种损失的划分及其估算存在较大的困难，农地产权经济价值损失的衡量也不够具体、准确，难以最终形成一个比较合理、确定的发展权受限补偿标准，因而该补偿标准实际应用推广的可能性不太大。

另一种补偿标准是受限发展权价值补偿标准，即适当补偿标准。该补偿标准将限制、禁止开发区作为两个不同的区域整体，直接考虑两个功能区内农民等所遭受的农地发展权价值损失，以各功能区内农地发展权价值受限额分别作为不同区域内农地发展权受限补偿标准。首先通过实地调研等估算出限制、禁止开发区农地发展权价值，然后运用经济学理论等构建主体功能分区下农地发展受限程度模型，并采用数理方法得到不同功能区内农地开发受限程度，最后将限制、禁止开发区内农地发展受限程度与各区域内农地发展权价值相乘，即得到基于主体功能分区的农地发展权补偿标准。该标准直接以受限农户土地发展权价值损失为补偿依据，方法比较简单，相比较而言，具有简单易行、现实可操作性强等优势，但在如何合理确定农地发展受限程度、准确估算农地发展权价值等方面具有一定难度。

二　补偿标准确定的基本原则

经济上可行性原则：我国当前国情下，政府的财政支持等在主体功能分区下农地发展权补偿过程中起到举足轻重的作用。农地发展权补偿标准合理，能增加农地所有者及开发者等经济收入，减轻政府财政压力。一旦有了发展权补偿标准，资金来源与分配模式等就会自然形成，其他各种问题就容易解决了，这就需要在补偿标准制定时符合经济可行原则。

技术合理规范原则：在确定农地发展权补偿标准时要认真考虑标准制定的技术手段，严格按照一定的理论基础构建农地发展权补偿标准，保证补偿标准准确、技术先进，并能随时间变化保持对补偿标准的动态调整。

社会可接受性原则：除了政府财力支持等之外，社会组织、个人或者发展权市场上的交易方对补偿标准的承受力也是农地发展权补偿标准制定中必须要考虑的问题，这是由农地发展权补偿机制决定的，否则补偿工作就很难顺利进行。因此，社会总体可接受性也是补偿标准确定的一个重要原则。

三　补偿标准的综合确定

政府行为对利益受损者进行适当的补偿是必要的，如"理性的政府不是完全不侵害私利，而是在管理中设法以公益代言人的身份对受害者作相对合理的补偿"（石璐，2007）。理论上讲，只有缩小农民完全损失与最终补偿之间的差距才能为农地发展权补偿的理论分析与框架构架奠定基础。

而实际上，计算应予补偿的损害的大小，归根结底是一个法律问题而不是数学问题（司坡森，2004），在制定农地发展权补偿标准时，必然涉及一定的价值判断。即便在西方发达国家有完全补偿、适当补偿等不同层次的分区下农地发展权补偿标准，但在实施过程当中多数也都并非按照完全补偿标准来执行，而是通过市场机制等途径[①]来进行操作，或者可能还要经过法庭的评判。国内外很多国家补偿标准其实也是按客观计算方法，即损害的大小等于物的客观价值，物的客观价值应依市价估定[②]，这些就为我们确定补偿标准提供了借鉴与参考。

十分珍惜和合理利用每寸土地，切实保护耕地是我国的基本国策，当前我国实行省级行政区域为单位的耕地总量动态平衡政策（董普，2005），要求耕地数量、质量不降低，粮食产量不能减少，这说明不管国家政策如何调整，农地农业用途价值不能降低；所以，结合本书前部分分析，尽管主体功能分区规划对区域内农地价值的实现产生了不同程度的限制，但这种限制实质上就是对农地价值中的农地发展权价值的管制，因此，主体功能分区下农地受限补偿标准对应于功能区受管制的农地发展权市场价值。同时，我国主体功能区的划分具有层次性，考虑到所研究的是同级功能区之间的农地发展权补偿问题，因此该补偿标准的制定不涉及上下级功能区之间的补偿关系问题。

在现在及以后较长时期内，国内实施的国家补偿通常是按损害利益的市场价值或价格来确定损害的实施现状（司坡森，2004；郜永

---

① Richard（1975）认为，分区下受限土地所有者是根据以合理方式运转的发展权市场来实现价值补偿；很多学者认为，在 TDR 下产权所有者得到的补偿额是由市场决定的，但也可以通过市场上产权税收减少等方式实现补偿，类似文献参见 James（1983）、Peter（1978）、Leslie（1976）、Jared（1972）等。

② 柳志伟（2007）认为，以市场价值作为赔偿标准，具有操作性且能尽到最大可能的"自然公正"，所有者的利益和政府的利益在某种程度上得到平衡。

昌，2007；戴珊，2007）。考虑到我国当前正处在社会主义初级阶段、财力薄弱的特殊国情及已有的补偿理论与实践，综合权衡，从评估的准确性与可操作性考虑，应选择第二种补偿标准，即适当补偿标准，以被管制的农地发展权价值来作为主体功能分区下农地发展权补偿的依据。

补偿模型应以公平合理补偿为原则，公平是指着力于维护功能分区下受限产权人的农地发展权权益，合理是指充分考虑主体功能分区对各区内农地发展权价值实现的管制程度。该标准既符合一定理论基础又具有较高的可操作性，决定了补偿模型的构建与研究的主体结构，是实现主体功能分区下农地发展受限补偿所需解决的核心问题之一。当然，若今后条件允许，可尝试按照第一种补偿标准，即完全补偿的原则来弥补受限功能区内民众的收益损失问题，同时也可将多种标准相结合进行评估，这是可行的，效果也可能更佳。

第三节　补偿标准模型构建及区域选择

一　农地发展权补偿模型构建

本补偿标准的确定要取决于各区农地发展权市场价值和相应管制系数两变量，其中，不同功能区内农地具有不同的农地发展权价值额，主体功能分区对农地发展的管制主要是指限制、禁止开发区对区内农地开发的限制，不同程度的管制效果在数理上就表现为不同的价值管制系数（参见第三章）。

考虑到各地块发展权的实现具有一定时空顺序，城郊的边界是动态的，偏远农地也有可能成为城郊，因此，假设功能区内各地块在分析时点上都能够开发并实现发展权价值，依据第三、四章的假设及分析结果，可构建主体功能分区下农地发展权价值补偿标准为：

$$CP_i = k_i \times VDR_i \qquad （1）式$$

其中，CP_i 代表第 i 个功能区内农地价值补偿标准；k_i 代表第 i 个功能区对农地价值实现的管制程度；VDR_i 代表第 i 个功能区内农地发展权总价值。

根据已有研究，优化开发区内农地价值管制系数 k_i 为 0；重点开发区也不存在农地开发限制，与限制开发区相比，禁止开发区农地开发管制程度更大（参看第四章）。保护型功能区 i（限制、禁止开发区）内农地发展权补偿标准为：

$$CP_i = s_i \times \sum_{i=1,j=1}^{i=2,j=n} (l_{ij} \times VDR_{ij}) \times$$

$$\sum_{i=1,j=1}^{i=2,j=n} (l_{ij} \times \frac{A_{ij}}{\gamma}) / \sum_{i=1,j=1}^{i=2,j=n} [l_{ij} \times E(WTP_{ij})] \quad (2) \text{ 式}$$

其中，$E(WTP_{ij})$ 代表 i 功能区内单位面积农地类 j 平均支付意愿，A_{ij} 为功能区 i 内 j 地类单位面积农业纯收益，VDR_{ij} 表示 i 功能区内单位面积地类 j 的发展权价值，l_{ij} 代表 i 功能区内 j 地类所占农地面积比例，s_i 代表 i 功能区内各类农地总面积。

二 研究区域选择

研究所在的限制发展区沿用前两章的部分宜昌、仙桃区域，即指除当阳市、枝江市之外的宜昌市大部辖区以及仙桃市辖区与其南面、东面近 8 个乡镇等区域。禁止发展区也是前两章所划定的荆门研究区域，即荆门市辖区、沙洋县、钟祥市等部分地区。

第四节 模型结果分析及解释

限制、禁止开发区农地发展权总价值数据等直接来自第三章，限制、禁止开发区农地发展受限系数数据来自第四章，将以上数据代入公式（2）可得限制、禁止开发区农地发展权补偿标准分别为 3.173×10^{10} 元、2.504×10^{10} 元。

一 在农地发展权价值可实现的情况下，限制、禁止发展区农地发展权补偿标准在形式上等于各功能区内农地发展权总价值与各区农地发展受限系数的乘积

国外研究表明，公平补偿和稳定发展权价格之间的关系是直接

的，伴随着稳定的发展权价格，只有当宗地上发展权配置与可转移发展权（TDR）项目的宗地"补偿价值"呈现一定比例关系时，公平补偿才有可能发生（Leslie，1976；1980）；这说明宗地上农地发展权配置状况与公平的农地价值补偿标准具有一定数量关系；因此，从价值形态上来讲，在产权价值随时可实现（显化）的条件下，功能区内农地发展权的配置状况就表现为该区域所能实现的农地发展权价值，此发展权价值可以与公平补偿标准直接联系起来，两者之间存在一定数量比例关系（如发展受限系数），这也与本书的补偿标准模型相吻合。

二　不同功能区内存在不同的农地发展权价值补偿标准，尽管禁止发展区农地发展受限程度要高于限制开发区受限程度，但限制发展区整体农地发展权价值补偿标准仍可能大于禁止发展区补偿标准

尽管农地发展权价格在很大程度上要受到农地区位等很多微观因素的影响，但从宏观层面上讲，依据一定理论基础可以在各区域分别确定一个统一的农地发展权价值补偿标准。比如，尽管各地经济发展条件与农地价格水平差异很大，湖北省仍于 2005 年确定出全省征地补偿最低标准地区分类表，共分六类，将全省各县市行政区划打乱，各类执行相对应的统一征地补偿标准[1]，这对我们主体功能区下农地发展权补偿标准的制定具有启示作用，因此，在不同功能区内制定不同的农地发展权价值补偿标准是可行的并具有现实意义。尽管禁止发展区农地发展受限程度最高，但其发展权补偿标准仍可能低于限制开发区，主体功能区受限程度高低与其发展权价值补偿标准大小也并非总是一致的，这与有关研究结果不完全一致[2]。原因可能在于禁止开发区总体经济发展水平较滞后，区内农地发展权总价值偏低等，也可能与不同功能区面积存在差异、农地价值相差较大等有关。

---

[1]　http：//zsxzfw. shiyan. gov. cn/Zhongxinzhidu/sen15. htm.

[2]　刘玉（2007）认为，与限制开发区相比，禁止开发区域的开发空间被限制得更加严格，为此得到的援助补偿力度也应相对更大。

三　同一行政区内农地发展权价值补偿可能不一样，同一主体功能区内不同行政区的农地发展权价值补偿可能一样

主体功能分区规划很重要的特征就是打破行政界限，同一行政区内不同地方可以分别划入不同的功能区范围内，如果在同一行政区内，因为发展权受限制程度不一样，则补偿不一样；同时，同一主体功能区内分别处于不同行政区的农地发展权价值补偿则可能一样。

小　结

1. 主体功能分区下的农地发展权补偿就是对由于功能分区所造成的农地发展权价值损失给予补偿，在补偿内容、补偿地位等方面区别于主体功能分区下的生态补偿以及综合利益补偿等，是主体功能分区下综合利益补偿的组成部分。农地发展权补偿主要基于研究区域内所有农地地块都具有开发可能性、农地价值是农地经济产出价值和农地发展权价值两部分综合反映等展开，具有简单、可操作性强等特点。

2. 在农地发展权价值可实现情况下，限制、禁止发展区农地发展权补偿标准在形式上等于各功能区内农地发展权总价值与各区农地发展受限系数的乘积，可采用资产定价理论及已有研究构建农地发展权价值补偿模型，对湖北省内划分的限制、禁止开发区进行实证分析。研究结果表明：限制发展区农地发展权价值827255.702元/公顷，远高于禁止发展区农地发展权价值261148.15元/公顷，虽然禁止发展区农地开发受限程度更高，但限制发展区农地价值补偿额（31.73亿元）仍然高于禁止发展区的农地价值补偿额（25.04亿元）。一般来讲，禁止发展区农地价值补偿可能高于限制发展区价值补偿额，但本书所得到的补偿标准并不完全与其相符，这说明，不同区域内农地开发受限程度大小和区域得到的农地发展权价值补偿标准高低具有不一致性。

3. 研究结果表明，限制、禁止开发区格外关注农地保护、维持生态环境，会对其区域内经济发展造成较大的影响，并给限制、禁止开发区内土地利用者、集体以及农民自身造成较大的农地产权价值损失，两区受限农地价值分别占各功能区内农地总价值的 16.47% 与 25%，这理应引起政府和社会各界的关注。

第六章

基于主体功能分区的农地
发展权补偿机制

制度最基本的功能是节约，即让一个或更多的经济人增进自身的福利而不使其他人福利减少，或让经济人在他们的预算约束下达到更高的目标水平（林毅夫，2000）。从前几章的分析可知，缺乏功能分区下农地发展权补偿机制，将不会取得理想的补偿效果，因此需要确定并完善整个农地发展权补偿机制，设计出尽可能与现有利益补偿相衔接的补偿模式。基于此，本章构建了功能分区下农地发展权补偿机制的框架，论述补偿机制内涵，明确补偿原则、补偿主体与补偿对象，设计出科学、可行的发展权补偿资金来源与分配模式等，以增强整个研究的可操作性及完整性。

第一节　基于主体功能分区的农地
发展权补偿机制概念

机制一词目前已广泛应用于自然、社会、经济等各个领域，如灾害机制、动力机制、竞争机制、约束机制等。《现代汉语词典》认为，所谓机制，是指"（1）机器的构造和工作原理，如计算机的机制；（2）有机体的构造、功能和相互关系，如动脉硬化的机制；（3）某些自然现象的物理、化学规律，如优选法中优化的机制，也叫机理；泛指一个工作系统地组织或部分之间相互作用的过程和方式，如市场机制、竞争机制"。[1]

由此，可得到主体功能分区下农地发展权补偿机制主要包括以下内容：第一，应根据理论分析主体功能分区下农地发展权补偿的基本要求及须遵循的准则，即明确农地发展权补偿原则；第二，在不同功能区内，要明确农地发展权补偿过程中的补偿主体、补偿对象及补偿标准等内容；第三，明确发展权补偿机制的其他内容，即农地发展权补偿方式、补偿程序和补偿管理等，包括补偿资金来源、补偿资金分配模式以及整个补偿体系该如何运作等内容。

因此，主体功能分区下农地发展权补偿机制是指为了保护区域生态环境、维护功能分区下产权人土地权益、弥补保护型区域（限制、禁止开发区）内农地发展权价值损失，运用政府和市场手段等，由开发型区域（优化、重点开发区）不同主体对承担农地保护、生态环境维护的保护型区域及群体进行价值补偿，从而达到既能实现限制、禁止开发区农地保护等目标，又能在总体上协调功能区内外相关主体之间农地产权经济利益分配，并以经济手段等为主的一系列制度安排；由于主体功能区下农地发展权补偿与生态补偿、综合利益补偿等在补偿内容、补偿地位上具有较大差异性，因此其补偿机制具有不同的特征。

在整体推进改革的同时，要充分利用已有的政治、经济、社会条件和既有制度安排中的合理成分，避免过激的利益格局调整并实现平稳转型（陶然，2005）。发展权补偿也可以称作是从能力再造方面补偿产权人所失去的资源禀赋（张良悦，2007），因此，主体功能区下农地发展权补偿机制应注重增强发展权补偿的现实操作性，减少制度成本、提高实施效率，统筹考虑不同功能区发展权补偿原则、补偿主体、补偿对象、补偿资金来源与分配模式等内容，尝试采取各种具有科学性、可操作性的发展权补偿模式，衔接现有补偿政策，充分补偿功能区内农民集体及其他相关主体农地产权权益，保持并提高农民集体的生产、生活能力，增强政策机制的运行效果，最终实现整个区域

---

[1] 《现代汉语词典》（2002 年增补本），商务印书馆 2002 年版，第 582 页。

协调、可持续发展。

第二节　农地发展权补偿原则

1. 公平合理原则：主体功能分区将部分土地划入农地保护区、生态保护区等限制开发，由此导致部分产权人承受了限制所带来的产权价值损失，构成对公民财产权利的特别侵害，这就是对受限土地所有者或使用者进行补偿的原因。不能过分补偿，危害公共利益加重财政负担，也不能过低补偿，侵害产权人权益，补偿时应考虑不同地区经济发展水平和不同时期土地开发状况，注意功能区之间实际情况的差异，做到公平合理。

2. 综合协调原则：发展权补偿需要多方参与，应明确政府及农民集体在农地发展权价值形成中的作用。不同主体的补偿额将是不同区域不同利益相关者之间相互博弈的结果，既要保障公民的公平财产权益，又要充分考虑不同区域内各级政府实际财政情况，在科学论证基础上平衡各方利益，共同商定补偿标准及补偿方式等。

3. 政府主导性原则：限制、禁止开发区农地发展权补偿不完全等同于一般意义上针对欠发达地区利益的弥补扶持，它主要依靠政府引导而非市场因素，具有一定强制性。主体功能区发展权补偿要求政府强势介入构建发展权补偿运作机制。发展权补偿资金要由政府相关部门统一管理支付，专款专用定期审计，具体补偿模式的设立应具有可操作性和差异性，保障受限区农民生存发展能力不降低，这些都需要政府参与其中并发挥重要作用；政府主导性原则是实现主体功能区下农地发展权补偿目标的重要保证，随着市场机制健全和土地产权体系的完善，可尝试构建农地发展权交易市场，最终实现由市场机制结合政府机制共同补偿受限农户的农地产权权益。同时，政府补偿应具有诱导性，即政府补偿时要重视并有意识地引导被补偿区域内民众发挥自身主观能动性，通过补偿提高该区域民众生产、生活能力，使补偿效果具有可持续性，并为该区域发展提供发展机遇，而不是一味地"输血式"经济补偿。

4. 规范性与灵活性结合原则：主体功能区与其他已有分区很重要的区别就在于配套政策。应结合我国耕地保护政策制度、农村经济发展政策、财税政策以及城乡统筹政策等建立对农户的土地价值补偿的政策机制，使农户的土地经济补偿具有制度规范，从制度乃至法规层面上予以承认和保护；与此同时，虽然国家已经对主体功能区配套政策的设计提出了很多指导性意见，但不同地区具体情况差别很大，已有的政策内容并不具体，与现有政策衔接也不够紧密；因此，农地发展权补偿时需要考虑地区差异性，补偿要随着时间、区域自然社会经济条件等变化而变化，不同地区的补偿标准、补偿方式应该有所差异，农村集体等利益主体的补偿机制设计要严密，能被补偿对象所接受，操作性要强，须具有一定灵活性。

5. 动态性、循序渐进原则：农地发展权补偿要有动态性，即要根据不同阶段经济发展水平、人民生活水平而变化，不应只依靠一个简单的标准、一种补偿方式；同时，尽可能建立一种长效机制，特别是通过生产方式的调整和生活方式的改变，逐步实现保护型功能区经济社会的可持续发展；由于农地发展权补偿牵涉优化开发地区与禁止开发地区、重点开发地区与限制开发地区、开发方与保护方、受益者与受损者等各种错综复杂的关系，因此，构建推进主体功能区协调发展的补偿机制等不可能一蹴而就，必须坚持循序渐进原则，在时间和空间上按轻重缓急有序地进行；站在着眼全局的角度思考并调控机制政策，从局部利益服从全局利益、全局利益兼顾局部利益出发，协调好农地开发与农地发展权补偿之间的矛盾，保持各项资金使用的透明性，做好分步实施的战略协调和配套政策，以增强整体补偿机制效果。

第三节　农地发展权补偿主体与补偿对象

一　农地发展权补偿主体

（一）省级及以上政府与重点开发区政府

国家代表全国人民担负着社会公共管理职责，通过法律和行政手段，对生态环境和自然资源进行管理和配置。省级及以上政府作为国家职能的执行机关，往往代表全体社会成员对其管理活动的成本及收益承担责任。

在主体功能区内，要实现资源的优化配置，保障社会整体效益，需要政府出面协调各个区域之间的关系。我国提出的主体功能分区着眼于消除不同地区之间经济发展中的资源"倒吸"现象，弥补市场缺陷，在空间上实现全局公平、整体效率；各功能区之间的协调发展受益的是全社会，而社会利益代表就是各级政府，理应由政府作为主要的发展权补偿主体。另外，可依据补偿—受偿关系确定不同的补偿层次，区域层面上的可通过开发收益区域给予补偿，因此，根据前文关于各主体功能区农地开发受限情况分析，同一功能区层次上，应主要由重点开发区政府向限制、禁止开发区补偿[①]。

（二）优化、重点开发区企业或居民

我国当前正处于社会主义初级阶段，财政状况略显薄弱，如果仅由政府来补偿功能区内受限土地发展权，必将给各级政府带来巨大的财政负担，可能危害社会公共利益，因此，应拓展发展权补偿资金来源，以实现非政府机构等社会组织或个人参与农地发展权补偿。

限制、禁止开发区的设立将促进区域内产业结构调整，有利于优化、重点开发区内相关企业的规模扩大，降低生产成本，从而使优化、重点开发区内土地开发企业获得较大程度发展，市民也获得了较多的受益；同时，农民以集体的形式共同行使农地产权，是土地在农用过程中的直接使用者，对农用地享有使用权，由于优化、重点开发区内农地开发力度较大，农民也能获得较多的农地增值受益，因此，开发型区域内企业与居民也应该是主体功能分区下农地发展权补偿的实施主体；最终，以政府为主导，结合非政府机构、社会企业组织、

---

　　① 张杏梅（2008）认为，各地政府都期望自己所在的区域能够划分成为以后能够大力发展经济的重点开发区域，而不是经济发展受到一定限制的限制开发区域和禁止开发区。加强优化开发区尤其是重点开发区对限制开发区和禁止开发区的帮助与扶持，达到公共服务均等化的要求。不同功能区之间实现资源共享、利益互惠，是实现区域经济互动协调、共同发展的基本前提。

居民等主体将共同构成农地发展权补偿主体，从而更好地保障补偿资金来源充足、足额发放。

二　农地发展权补偿对象

优化开发区在开发过程中实行严格的建设用地增量控制，明确城镇单位面积土地经济密度、承载量的集约用地标准（许根林，2007）；该区定位于调整土地开发强度与经济发展结构，农地供需基本处于平衡状态，不存在发展权补偿。重点开发区内适当扩大了建设用地供给，对影响环境质量的土地开发等经济行为征收生态税，也不存在对该区域及区域内相关主体的补偿，相反，还应该给予重点开发区内农地开发征收税费。

与其他地区政府相比，限制与禁止发展区政府实行农地用途管制政策，限制农地转用，政府代表辖区范围内社会成员行使公共权利与义务，应当得到相应补偿；但主体功能区内地方政府及土地使用企业等因当地土地开发受限而导致的损失将通过税费优惠等政策改革来进行弥补，本书不作专门赘述。

（一）限制、禁止开发区农民

农地价值主要反映了农地农业用途价值和农地发展权市场价值两部分内容，由于我国并未设置农地发展权，在完善的市场经济体制下，只有土地的农业用途价值（商品经济价值）可以通过市场得以实现；因此，在农地开发受限之后，就产生了农地价值损失，对这部分农地价值的补偿，可采用多种方法进行测算。

限制开发区内严禁生态用地改变用途，在区域资源环境可承载前提下，新增建设用地主要用于发展特色产业及基础、公共设施，建立保护环境的重点工程；禁止开发区主要是依法设立各类自然保护区，鼓励绿色产业发展，适度发展旅游产业（包振娟，2008；许根林，2007），因此，这两功能区内都存在着不同程度的农地开发管制，限制了属于农民集体等所有的农地发展权，应给予区域内土地所有者——农民集体补偿，这是主体功能分区下农地发展权补偿的主要对象。

农民虽然是农地价值的主要补偿对象，但不能得到全部的农地发展权补偿。根据对农地发展权价格的形成进行分析，农民并不是完全的发展权拥有者，农地发展权的形成离不开政府投资等各种因素的影响，因此，农地发展权价值补偿应该在农民、集体以及政府之间进行合理分配。

（二）限制、禁止开发区企业

企业在社会生活中的经济活动符合"经济人"理性假设，即各企业并不具有维持农地农用的动因，更倾向于土地非农转用获取最大程度的经济利益。在不同的国土开发空间管制下，限制、禁止开发区与优化、重点开发区内企业的发展空间是不一样的，这就是补偿的原因。

限制、禁止发展区设立将阻碍各区域内产业结构调整与企业规模扩大，同时，国土开发空间管制下企业发展用地成本的增加将导致企业整体生产成本的上升，因此，限制、禁止发展区内的农地开发、利用者——企业，也应该是农地发展权的补偿对象之一（基于整体研究，除此之外，本书不另做研究）。

对于限制、禁止开发区内的企业与居民来讲，除了公平补偿等之外，更重要的是通过适当的政策措施引导企业行为，在尽可能保护农地、维持生态环境等前提下通过提升企业技术水平、加快企业改革等提高企业自身发展能力，获得"造血"功能。

第四节　农地发展权补偿资金来源与分配模式

一　补偿资金来源

补偿资金的来源问题没能得到解决将是制约我国建立主体功能分区下农地发展权补偿制度的根本原因，这从根本上决定了发展权补偿机制的运行。事实上，现阶段大部分有关我国经济利益补偿、生态补偿等文献主要就是讨论补偿资金的来源问题。

国家可以采取财政转移支付、对重点发展区征税等方式获得资金，也可通过适度举债，如发行国债或彩票等形式融资，引导资金进入发展权补偿过程中；同时，也可借鉴发达国家的成熟经验，采取农地（产权）资本市场交易、筹集社会闲散资金设置补偿基金等形式获得发展权补偿资金，进一步满足未来补偿机制带来的大量融资需求。

（一）公共财政补贴

由政府公共财政预算安排直接拨付。在社会主义市场经济条件下，政府的产业职能已经削弱，而政府的社会职能在不断强化（高建中，2005）。国家对缓解社会利益分配矛盾、促进区域之间协调、一体化发展等方面的支出（投资）呈逐年上升的趋势；限制、禁止开发分区使区域内农民集体所拥有的农地权益遭受较大程度的侵害，必将影响到整个社会的和谐发展；因此，国家理应成为实质性投资主体，尤其是主体功能分区实现农地保护、促进生态环境改善并有利于区域之间协调、可持续发展，最终的受益对象主要是全社会公众，整个社会公众利益的总代表是政府，国家及各级地方政府因此增加财政投入是必要的；应将发展权补偿资金列入各级财政预算，在财政支出预算科目建立发展权补偿预算科目，即在预算中专门安排一定数额或比例的资金用于补偿限制开发和禁止开发区域，这部分资金主要来自国库转移支付，依据不同情况进行拨付。财政补贴是政府公共财政支出的一个重要组成部分，是补偿资金的主要来源之一，具有可靠性、稳定性、持续性等特点。

（二）税收征缴

土地税是政府以土地为征收对象，凭借政治权力，按照一定的标准从土地所有者或使用者手中强制无偿地取得部分增值收益的一种形式。国外常用公共资金，即税收或国家政府债券（bond）运行农地发展权项目（Elizabeth，2002）。可借鉴英国做法，主要对重点开发区土地所有者或者开发者拥有的土地开发利益（development value）征收相当比例的土地受益捐（betterment levy）（毕宝德，2001），将部分资金直接作为地方财政收入纳入补偿资金专用账户；同时，结合我国当前国情，可考虑对优化、重点开发区征收生态税，控制开发所带来的环境污染、资源环境承载力下降等外部性问题，与土地收益税一样，这部分资金也一并纳入补偿资金专用账户。

（三）农地发展权销售

在美国区划实践中，土地开发权的市场化运作早已开展，主要有土地发展权转移（Transfer of Development Rights，TDR）以及土地发展权购买（Purchase of Development Rights，PDR）。基于功能区"主体功能"定位及规划管制要求，不同功能区在发展权补偿中起到不同的作用。正是由于优化、限制、禁止开发区内土地开发行为受到一定约束或管制才保证了整个区域经济结构优化与生态环境维护，使重点开发区土地开发强度能得到进一步提高，因此，开发型功能区，尤其是重点开发区作为土地重点开发区域，应成为发展权补偿资金的主要来源地。

因此，依据主体功能分区规划，借鉴西方发达国家设置农地发展权银行等市场交易平台，在政府监督与管理下，可在重点开发区与限制、禁止开发区之间建立具有中国特色的农地发展权市场，前者是发展权接受区（receiving area），后者是发展权释放区（sending area），将限制、禁止开发区内多余的农地开发指标等通过市场交易方式转移到重点开发区内，农地发展权销售所带来的巨额收益可作为不同功能区之间农地发展权补偿资金的重要来源之一。

（四）发行国债及彩票

通过发行国债筹集所需资金，这相当于向未来借钱，并用未来的财政收入来还债，尽管会增加财政赤字，财政包袱加大，但在我国当前通过发行国债来解决发展权补偿资金不足问题还具有很强的可操作性，从理论及实践上看，这也是可行的。主体功能分区规划推动形成可持续发展的国土开发格局，保证国家及各地区经济持续、稳定、协调发展，其经济效益具有长期效果，国家通过发行国债筹集所需资金并使用财政收益还债。国债具有安全性高、流通性强、收益稳定等优势，可引导开发受限区居民购买国债促进其财产保值增值，以弥补产权权益损失。

发行彩票是政府为满足特定的社会公共需求所采取的一种辅助性筹资手段，是以市场为途径筹集资金，主要用于满足社会公益事业的需求[①]；彩票不需要还本付息，能扩大融资渠道，大量吸引社会闲散资金，所筹资金主要用于社会福利，并能增进社会福利。可使用彩票从社会筹集资金并用于限制开发和禁止开发区域补偿，发行彩票的收入除去彩票发行成本外，可以全部通过政府财政转移支付等形式补偿限制、禁止开发区域内的企业、个人等。

（五）发展权补偿基金

建立农地发展权补偿基金是由国际组织、外国政府、单位、我国政府、非政府组织及个人等拿出或捐助资金支持主体功能分区下农地发展权补偿。由于受到国家的财政体系影响较小，采用该补偿基金进行补偿具有操作容易、资金来源广泛等特点，实践中，必须遵守专款专用、先存后用、量入为出、节约使用等项原则，在主体功能区上级政府及相关管理机构管理下不断提高专项基金的使用效果。设置专项基金做法在我国目前还比较陌生，但从长远来看，其具有较大的发展空间，且随着社会经济的发展、人们收入的增加，对整体生活区域的生态环境要求会不断提高，我国一些单位与个人对农地发展权补偿基金的捐助也会不断增加。

二　补偿资金分配模式

补偿方式与途径是补偿得以实现的形式（刘青，2007），按照不同的准则会有不同的发展权补偿模式，按照补偿结构可以分为纵向补偿和横向补偿，按照补偿内容可以分为金钱补偿、政策补偿等，按照补偿运作主体可以分为政府补偿和市场补偿等。

补偿资金分配模式的主要作用在于选择一种合适的方式来实现价值补偿，也就是解决"如何补偿"的问题。补偿实施主体和运作机制是决定补偿分配模式本质特征的核心内容，按照实施主体和运作机制差异，大致有政府补偿资金分配与市场补偿资金分配两种模式。

在我国现有的土地制度和法律框架没有得到根本改变的情况下，

---

① 参见李剑《环保也要发挥市场机制，环保彩票大有可为》，载《中国青年报》2002年12月11日。

功能分区下发展权补偿应主要靠政府主导的公共财政转移支付，这是当前实现农地发展权补偿最重要的形式，也是目前比较容易启动的补偿方式；但这面临着政府财力有限，补偿形式单一，补偿效果不明显等问题。因此，可借鉴美国土地发展权转移方法构建发展权交易市场对土地开发受管制的群体实施补偿，交易对象是一定区域内的农地开发权利，最终通过发展权补偿模式将发展权补偿原则、补偿主体、补偿对象以及补偿标准等结合起来，综合发挥功能分区下补偿机制的作用，最终保证功能分区下补偿机制合理、有序、规范。

（一）政府主导性补偿模式

政府补偿实施具有命令——控制性（张帆，1998），该发展权补偿模式以上级或本级政府为主导，以下级政府、同级政府、受偿区土地所有者或使用者为对象进行资金补偿安排。不论是在发达国家还是在发展中国家，公共支付手段都是分区补偿的主要支付手段；从纯理论角度看，由政府主持的统筹补偿是公平合理的，因为在政府主持下，可通过财政转移支付、生态补偿基金等形式综合补偿受限所有者、使用者产权损失，实现对农民生存发展的能力补偿；从中国的实际情况来看，政府主导性补偿模式是维护生态效益的同时开展农地发展权补偿的最主要形式，也是目前比较容易启动的补偿方式。

1. 财政补偿

由上级政府部门统筹建立跨区发展权补偿专用账户，主要的财政补偿资金来自上下级政府间财政补助与同级政府之间的横向财政转移支付，以及来自发行国债或者对重点开发区的土地开发收益征收的土地开发税等；到达不同功能区内各补偿对象手中的资金分配比例应通过各功能区政府之间及功能区内部不同主体之间的谈判、博弈过程最终确定；通过分配财政补偿资金，限制、禁止区内的农村集体经济组织可以将补偿资金用来安定生活、发展特色产业并为农民社保提供资金，而土地使用者可以将补偿资金用于其他方面的经营，财政补偿是我国现有条件下最主要、最具操作性的发展权补偿模式。

（1）纵向财政转移支付

我国现行政府间转移支付制度是一种纯纵向转移支付制度，即上级政府通过特定的财政体制把各地区创造的财力数量不等地集中起来，再根据各地区财政收支平衡状况和实施宏观政策的需要，将集中起来的财政收入不等地分配给各地区，以此实现各地区间的财力配置的相对均衡。现行的纵向转移支付制度将主要目标放在平衡地区间财政收入能力的差异上，体现的是公平分配的功能，对效率和优化资源配置等调控目标则很少顾及。

现行政府间财政转移支付体系主要分为两类：第一类是财力性转移支付，即中央对地方财政减收所进行的财力性补助。涵盖了一般性转移支付、民族地区转移支付、调整工资转移支付、农村税费改革转移支付、县乡财政奖补资金、退耕还林还草转移支付、天然林保护工程转移支付等。第二类是专项转移支付，旨在实现中央的特定政策目标，实行专款专用，包括一般预算专项拨款、国债补助等①。

一般来讲，限制、禁止开发区经济发展水平偏低，政府财政较薄弱，应由中央、省级采取一般性转移支付将资金直接拨付到所在县财政账户，与近些年政府的一般性转移支付目标不同，可适度扩大对限制、禁止两类功能区农地发展权损失的支付力度；可将中央及省级财政拨付的专项支付资金、优化、重点开发区地方税收增量70%比例的资金等筹集起来建立专门针对主体功能分区的专项转移支付基金账户，专门用于区域内发展权利损失补偿，并由国土、农业、财政、社保等部门对资金进行综合管理；资金主要用于提升农民集体素质、增强农民农业、非农生产能力，提高区域内全体农户的社保水平。

提供政策就是一种补偿（刘礼军，2006）。政策补偿是受偿者在上级政府授权的权限内，利用制定政策的优先权和优惠待遇制定创新性政策，促进本地发展（梁丽娟，2007）。主体功能分区是21世纪我国政府所采取的具有战略性的国土空间开发规划，为了防止下拨补偿资金无法到达真正发展权使用者手中而被有些单位克扣等，国家可通过一些政策法规等提供优惠政策，将补偿金的支付与税收减免相结合，对限制、禁止开发区内开发企业免征与应得补偿金额相等的税收

---

① 李萍：《中国政府间财政关系图解》，中国财政经济出版社2006年版。

或者直接采取免税等形式体现国家财政扶持[①]，并提供一定优惠与额外补贴，对有利于农地保护、保障功能分区顺利实施等予以奖励；因此，这本身也属于政府纵向的资金分配，而且是当前条件下我国主体功能分区配套政策中具有较大可行性的财政转移支付形式。

（2）横向财政转移支付

分税制体制实施之后，我国虽然建立了中央对地方和省对基层的纵向财政转移支付制度，但因形式单一，仅在调节中央与地方纵向财政关系上产生作用，地区间财力差距拉大及公共服务能力悬殊的矛盾并未从根本上得到解决。同时，现行的财政转移支付制度并没有摆脱基数法的痕迹，尚带有浓厚的过渡期色彩。

最完美的转移支付模式是既有自上而下的纵向补助，又有地方政府之间的横向补助。政府间横向转移支付，是指两个平级政府为了实现某一目标，在财政资金上实现的横向转移（王梦炜，2007）；可借鉴澳大利亚、德国和日本等国采取均等化转移支付的模式，建立起适合我国主体功能分区规划的横向财政转移支付模式。

政府建立一个超越各功能区利益之上的管理机构（管理委员会）进行调节，通过预算手段加以平衡，实现各区之间农地发展权补偿的横向财政转移支付方式。在主体功能分区管理委员会调节下，由开发型区域即优化、重点开发区，尤其是重点开发区向保护型区域即限制、禁止开发区转移部分财政资金，具体数额主要依据各功能区农地（发展权）价值补偿标准，最终资金补偿量由区域之间进行相互协商、博弈最终确定，从而提高政府行政效率、增强补偿实施效果；这笔横向财政转移支付资金可以直接划拨到地方财政专户上或纳入发展权补偿基金，用于区域内的生态建设和发展权利补偿。

2. 农地发展权补偿基金分配

专项基金有特定资金来源并有专门用途方向。发展权补偿基金要明确列支目录，主要用于对横向各功能区内的土地发展权所有者、使

[①] B. S. Jared（1972）认为，土地利用分区规划中，农地开发受到限制的产权人可通过产权税收减少来获得补偿。

用者进行农地价值补偿；财政部门应确保补偿基金及时足额拨付，专款专用；分配到农村集体账户上的财政补偿金、非政府机构或个人资金捐助等是补偿基金的来源；发展权补偿基金的分配方法主要有两类，即，直接将资金补偿给受限功能区内的企业或农民集体，将补偿资金使用转化为对受偿者发展能力增强等。

前者主要指金融部门可将预分配到农民手中的那部分发展权补偿资金建卡，以"一卡通"的形式由相关部门负责将补偿性支出等大部分资金直接拨付到企业或农民个人手中，确保足额兑现；账户内其他剩余资金拨付给当地集体经济组织，让他们严格按照各区主体功能安排，发展集体经济，解决一部分失地农民的就业、生计问题；另外，县市级财政部门或主体功能分区管理委员会等也可采取报账制等方式拨付补偿性支出。

后者指应采用资金分成方法进行发展权补偿基金运作，即，对于农民集体来讲，可将补偿基金以 7：3 比例分为就业支持资金和社会保障资金①两部分，也可以尝试引入多家非政府机构经营管理社保基金②，具体方法的选择及分配给农户的资金比例等须由村民大会讨论决定。主要用于土地所有者就业能力转换、社会保障安置，农户可以入股形式进行集资创业发展特色产业等，从而为农民建立就业培训机制，增强农户自主创业能力，加强农民的养老、医疗等社会保障力度等；对于企业（使用者）来讲，可将所有或部分比例资金用于企业扩大生产能力、提高企业竞争力等方面支出，从而增强受限区域内企业的持续发展能力，这是当前情况下比较重要、具有一定操作性及发展前景的农地发展权补偿模式。

主体功能分区管理委员会及政府财政部门等应建立健全补偿基金拨付、使用和管理档案；建立健全财务管理和会计核算制度，设置专

---

① 刘永湘（2003）考虑了农民集体土地发展权问题时，政府要充分认识到农民的土地发展权在经济上的实现是对农民的劳动权和经济收益权的一种补偿。政府应将土地收益中的相当部分纳入农民的社会保险基金，以保障失地农民的基本生活需要。

② 鲍海君、吴次芳：《论失地农民社会保障体系建设》，《管理世界》2002 年第 10 期。

账独立核算，接受财政、审计部门等审查，对每年度的补偿基金拨付使用情况逐级进行全面检查并上报；资金使用分配上要公开透明，接受广大群众监督；同时，在有些情况下，国家也可以基金监管者的身份委托专业的投资机构或创业投资管理机构来具体经营管理基金①，通过引导资金使用方向等方式实现对补偿基金的分配。

（二）市场补偿模式

市场补偿是指市场交易主体在政府制定的政策、法规等调控范围内，利用经济手段参与要素（土地产权）市场交易，从而自发参与不同区域、不同主体之间利益弥补、协调等活动的总称。政府在市场补偿活动中，地位与其他交易者相同，对其他主体不能施加命令强制（刘峰江，2005）。发展权市场补偿就是指在实行主体功能分区农地发展权补偿过程中发挥市场机制作用，使农地（产权）资本化，充分反映不同功能区之间的土地（发展权）供需，从而实现农地发展权市场交易、自动弥补受限区域内土地产权人等利益损失的市场化补偿模式。

区域协调发展的机制实际上就是在市场作用基础上政府政策的选择性调节机制（贾康，2007），因此，区域协调机制本质上要以市场机制为基础进行利益调节；采取市场补偿模式是实现主体功能分区下农地发展权补偿的重要途径，该方式具有交易成本低、适用范围广、决策更加民主、更能实现功能区之间补偿的协调、一体化等优势，兼顾灵活性与效率性，使不同功能区之间以及功能区内部补偿对象所得到的价值补偿能达到均衡，弥补政府主导下补偿资金来源单一、资金分配不合理、资金使用效率低下等问题。

根据土地资源的区域分布状况，政府可以将各类土地发展权总量在各区域间合理配置，以寻求土地资源总体上的最佳利用和区域间的协调发展，最后达到平衡发展（张友安，2006）。我国在不同功能区内实行具有差别化的土地使用管制与开发强度调控，实际上就是政府

---

① 鲍海君（2002）认为，社会保障基金的监管智利等国家的成功经验表明，基金交由专门的机构经营管理并期望取得很好的成效，离不开严格的监管。

依靠行政力量在空间上将农地发展权总量在各功能区上分别进行区域配置；因此，可借鉴西方发达国家较成熟的农地发展权配置与流转模式，构建适合我国国情的主体功能分区下农地发展权流转机制，通过流转市场实现对土地产权人的发展权补偿。

在西方，土地分区所造成的发展不均等主要通过建立在发展权供求关系基础之上的市场得到补偿（Jared，1972），根据不同区域农地发展权配置状况，通过设立农地发展权释放区（sending area）以及农地发展权接受区（receiving area）建立起土地发展权流转市场等，发展权银行作为一个交易平台，起到土地发展权移转市场的作用，其运转资金来源于政府或利用私营土地基金注入（刘国臻，2007）。按照科斯定理，只要产权界定清晰，无论产权拥有者是谁，都可以通过市场协商、合作实现资源的最优配置。

因此，根据分析，开发型功能区（优化、重点开发区），尤其是重点开发区是主要的土地发展权受让区，优化开发区基本属于发展权供需平衡区，限制、禁止开发区属于发展权转让区。主体功能区下的发展权转移，是将分离的发展权，依照规定的移转程序，从限制开发和禁止发展区域转移至可以重点发展和优先发展区域。国家根据各功能区自然经济状况与宏观土地发展需要做宏观上的规划，在不同功能区内确定不同的农地开发程度，从总量上安排土地发展权的供给和注销，实现发展权权利交易。

政府在考虑区域现有区划限制和未来发展潜力等前提下，通过分区规划等行政配置方式确定出不同功能区农地开发的建筑密度，详细规定可供转出的发展权数量、可供移入的发展权数量等，使保护型功能区内农地发展权转移到优化、重点功能区内的转化条件成立，其他的交由市场来完成；在政策设计上，农民所拥有的土地发展权经过评估后以颁发发展权证书（development rights certificate）的形式得到法律确认，转让区内超出限定标准的建筑用地指标等即为受管制的土地发展权。

土地使用者要进行开发必须要从开发权转让地区土地使用者手中持续购买所谓开发权，在可开发区土地开发量相对有限的情况下，市场上可交易土地权利会越来越少，土地转让权价格呈上升趋势，最后达到相对高的价格，禁止开发的区域环境便被保护起来。

通过政府所构建的市场交易机制（平台），限制、禁止开发区内农地发展权可以转让至高强度发展的重点开发区等，由建设用地者直接向拥有规划待转用农地（土地）发展权的集体经济组织购买土地发展权，显化农地发展权价值并通过发展权购买实现发展权转移①，从而建立农地发展权转让制度，出售所得款项即为对限制、禁止开发区农地所有者的发展权补偿资金；最终，受限功能区内农地产权人（所有者或开发使用者）就通过发展权市场交易机制获得不同的补偿金额，农民集体也可以将销售发展权所得资金筹集起来建立农村再就业基金、社保基金等，受偿企业也可利用所获资金提高生产技术水平，增强企业竞争力等，这些也都是以更加灵活的形式实现了农地发展权补偿资金的分配；也可尝试加快功能区之间与功能区内部农村宅基地流转、农村集体建设用地流转等政策的试点，加强有关市场补偿模式方面的法律体系建设，探索其他多种市场补偿模式，增强补偿机制的灵活性与实施效果。

我国农村土地产权制度建设及农地市场的成熟完善将是一个渐进过程，因此，农地发展权补偿资金分配的市场模式具有渐进性、可行性，可循序渐进逐步展开，在未来将逐步成为重要的发展权补偿模式之一。

（三）模式确定

政府补偿机制主要以财政转移支付、基金分配等方式进行。实行分税制改革以来，我国财政体系具有显著的纵向特征，横向财政转移支付制度还未建立，发展权补偿基金运作及资金分配更是处于探讨阶段，这些都造成了不同功能区之间、同一功能区内不同主体之间难以形成利益均衡，从而产生大量的社会福利损失；同时，政府主导性补偿模式具有补偿资金来源较单一、资金管理不到位等问题，各种补偿具体模式之间缺乏整体协调性，不能形成完善的立体补偿体系，功能

---

① 参看王小映《全面保护农民的土地财产权益》，《中国农村经济》2003 年第 10 期。

区下的农地发展权补偿效果不能达到最佳；随着我国农地产权制度的完善与社会经济的发展，单靠政府主导补偿模式不能完全解决主体功能分区下农地开发受限补偿问题。

发展权市场补偿机制具有一定灵活性，但其在我国的发展尚不成熟，需要国家设置农地发展权并明晰其产权；同时，主体功能分区下各级政府必须完善功能区之间管理秩序、健全法律制度、科学合理估算农地发展权价值等；这种跨越较大区域的农地发展权市场交易机制即便在国外市场机制健全的发达国家都少有，因此，发展权市场补偿机制在国内最终建立将是一个长期的过程。

市场机制是一个较为可取的经济发展工具，但其需要有能力的政府机构来发展市场[1]，因此，主体功能区建设需要依靠政府与市场的共同作用，除了依靠政府出台有效的区域政策外，还必须有完善的市场机制。无论是政府主导性补偿模式还是市场补偿模式都必须提高受偿民众的社保水平与能力水平，增强受偿企业的可持续发展能力等。只有通过政府、市场模式的双向调节，共同发挥作用，才能达到最好的发展权补偿效果（任艳胜，2008），从而保证主体功能区补偿中各项工作顺利、有效开展。

鉴于我国经济、政治体制的现状以及政府的交易成本优势，政府在主体功能区农地发展权补偿制度安排方面仍将发挥重要作用，在现在乃至未来一定时期内，发展权补偿机制仍将是政府主导性补偿发挥主导作用，以市场补偿为辅，这也是巩固限制、禁止发展区农地价值补偿的迫切要求与现实选择。随着主体功能区政策、法律法规的不断加强以及我国农地产权制度的完善，发展权市场补偿机制中的问题将逐步得到解决，政府补偿机制的地位将逐步下降，最终将形成政府补偿、市场补偿两模式平等并存、相互补充的补偿格局[2]，这也是未来主体功能区下农地发展权补偿机制的最终发展方向。

---

① 张培刚：《发展经济学教程》，经济科学出版社2001年版。

② 任艳胜：《基于主体功能分区的土地发展权补偿模式研究》，《中国房地产研究》2009年第1期。

小　结

主体功能分区对限制、禁止开发区内土地产权人的农地发展权益产生一定侵害，因此有必要通过利益与价值的补偿等手段协调不同区域、各主体之间利益关系，以维持社会公平与效率。本书分析了主体功能分区下农地发展权补偿机制内涵、补偿原则、补偿主体及对象，并在此基础上提出了以政府主导和市场主导两种发展权补偿模式为核心的农地发展权补偿机制。补偿机制的设计充分考虑到了区域内农户、企业等可持续生产、发展等要求，从而使补偿更具有可持续性，既满足受限区域内当代人的福利，又考虑到了代际补偿问题，具有一定探索性质。政府在各区实行不同的用途管制与土地开发强度调控，实质上就是在空间上将农地发展权总量分别在优化、重点、限制、禁止开发区内进行合理配置，以农地发展权市场流转等形式实现主体功能区发展权价值补偿，也就是本章所研究的发展权市场补偿机制。

农地发展权补偿机制的建立是一项复杂的系统工程，在中国建立发展权补偿模式是主体功能分区下农地保护和区域协调发展的必然要求，这不是一种补偿方式取代另一种补偿方式，而是多种方式并存，目前应该坚持以政府主导性补偿为主，未来将形成政府补偿、市场补偿两模式并存的补偿格局，具有补偿对象明晰、补偿标准科学、实践操作性强等特点。本书提出的补偿模式仅仅是一种思路，需要进一步研究多模式并存下农地发展权补偿的具体运作方式。

本书的研究是基于现有中国土地产权体系基本不变、发展权归农民集体所有的背景下展开的，随着社会经济发展与环境状况改善，主体功能区划分会存在一定变动性，稳定性较差，并且也容易受到政府换届等政治因素影响，据此制定的补偿方案也应该考虑补偿期限、不同阶段差别化的补偿模式等问题。另外，要研究采取怎样的分区方法才能保证主体功能分区科学、合理，如何在最大程度上保证发展权补偿的渠道畅通，如何在保持补偿动态性的同时，增加资金分配的透明度和公开性，如何在保证国家财政基础上吸引更多的资金为农地开发受限提供补偿等都将是重要的研究课题。

限制、禁止开发区主体功能、区域发展定位都不相同，如何在各自的发展权补偿模式中体现出区域差异性，如何更具体、详细地构建一套基于主体功能分区的农地发展权配置与流转机制，发展权补偿机制关于上下级功能区之间的立体补偿、受限区内地方政府与土地使用者如何补偿，在目前国家和社会财力有限的情况下，如何用有限的资金取得最大的补偿效果等方面的讨论还显不足，应该继续深入研究；此外，除了政府、市场补偿机制之外，发展权补偿也可以采取直观、简单易行的实物补偿形式，如可将受限农地发展权价值折算为更大力度的种粮补贴及农机补贴等来改善受偿者的生活状态或生产状态以提高其生产能力，其具体模式该如何设计，怎样定位政府在补偿机制中的作用，入股模式、混合补偿等其他补偿该怎样开展，如何在更大程度上增强补偿机制的现实操作性等问题也都值得我们进一步研究。

第七章

研究结论与讨论

经过以上各章的研究和讨论，本章将总结整个研究的主要结论，并给出一定的政策与建议。针对书中存在的不足之处，这部分也将总结与讨论，并提出未来需进一步研究的方向。

第一节　研究的基本结论

一　准确地认识农地价值内涵，是科学地研究、解决我国当前农地问题的基础

在我国当前的社会经济条件下，农地价值是农地农业用途价值（经济产出价值）与农地发展权价值的综合反映，它体现了具有完全产权农地的市场价值。农地发展权价值应作为农地价值中的一个重要组成部分，但目前该部分仍未纳入资源价值核算体系，这也是造成我国当前农村土地问题矛盾突出、农民集体土地权益受压抑等现象产生的根源，国内对该领域问题研究还不够深入。

我国征地补偿、耕地保护区补偿、农用地分等定级等都应建立在对农地完整价值的认识基础之上，按照完全产权农地的市场价值进行研究与实践是土地征收制度改革的必然发展趋势，也是我国耕地保护区补偿、农用地分等定级等相关工作的必然要求。因此，在分析与解决我国当前相关农地问题的过程当中，不应只考虑农地的经济产出价

值，还要重点考虑农地未来可开发部分的价值，在这一点上，本书的研究具有一定的参考价值，为相关理论分析与政策制定奠定了基础。

二　农地发展权是具有一定独立性的物权，其设置具有可行性与必要性，主要归属于农民集体具有重要的理论及现实意义

与国内已有农地发展权内涵相区别，本书农地发展权是狭义上的发展权概念，即指农地可转为建设用地等不同用途的权利，不涉及农地非农建设用地增值收益、农地农用情况下土地收益增加等方面内容。它是土地发展权的重要组成部分，是具有一定独立性及国家干预特征的物权；农地发展权从农地所有权、使用权中分离并与其并列，可影响到农地使用权价格的高低，并与地上（空间）权等结合形成立体的农地产权结构体系。农地发展权设置具有可行性，其设置有助于完善我国农村土地产权制度，促进耕地及生态环境保护，有利于解决城乡土地资源利用与管理等问题。

应将农地发展权主要赋予农民集体，这是初次分配，此后，政府可通过税收等形式实行再分配，将部分农地发展权价值收归社会，这有助于保障农民集体土地权益、实现土地增值收益分配结构均衡，对于优化我国城乡土地资源配置、创新土地管理工作模式、更好发挥土地在国民经济中的宏观调控作用等具有重要的理论及现实意义。

三　农地发展权价值可通过不同内涵的农地价值之差来衡量，具有独特的影响因素与形成机理

国内大多数学者都通过农地转用后的建设用地价格与农地农业用途价格之差来测算农地发展权价格，与以上研究不同，本书定义的农地发展权价格是指农地可开发转为不同用途带来增值收益的价值，在市场经济中，这种开发主要是指用于非农建设用地的最高用途开发，农地发展权价值最终通过农地最高回报价值与农地农业用途价值之差进行衡量；前者就是正常条件下解除规划管制、具有开发潜力、能完全实现产权价值、可转为非农建设用途的可开发农地市场价值，后者

就是农地的农业用途价值,即经济产出价值,在当前条件下可通过市场机制得以实现。

综合已有研究,农地发展权价格高低受到预期地租、土地利用规划、农地与非农用地价格变化以及区域开发的政策等因素影响;同时,本书从不同方面探讨了农地发展权价格的形成机理并指出各方面所起的作用:农地发展权内涵是农地发展权价格形成或变化的根源所在,规划及土地用途管制制度是农地发展权价格形成变化的前提与技术保障,土地资源的稀缺及其配置要求是农地发展权价格形成变化的物质基础,城乡之间的土地供需状况将是农地发展权价格形成与变化的决定因素。

四　农地发展权定价与农地估价在理论与方法上具有很多相似之处,其价格高低与农地区位、当地经济发展水平等密切相关,这部分价值并未被纳入当前的资源价值核算体系,造成农户福利的大量损失

对农地发展权价格的评估是比较复杂的,其评估方法也是多种多样的;可从产权收益、市场销售对比、市场供需定价、影响产权价格因素的分析、意愿调查法(CVM)等角度估算农地发展权价格,农地发展权估价与农地估价在方法上具有很多相似之处,从不同的角度可以选用不同的方法,具体方法的选用在很大程度上受到所用理论及数据可得性决定。

农地发展权价值的高低与研究区域的区位以及当地整体经济发展水平等因素关系密切,当地经济发展水平越高、进一步开发潜力越大、离城镇中心距离越近、该地的农地发展权价值就越高,这与许多国外学者的研究结论相同(David,2002;Andrew,2001);限制开发区开发前景与经济发展水平一般要优于禁止发展区,分别以宜昌、仙桃部分地区及荆门部分地区为例,实证结果表明,限制发展区(宜昌、仙桃部分地区)农地发展权价值827255.702(元/公顷)大于禁止发展区(荆门部分地区)农地发展权价值261148.15(元/公顷),两功能区内农地发展权总值分别占各区域农地总价值的79.21%与

51%，均大于各自区域内对应的农地农业用途价值，而这部分价值是农地资源价值无法忽略的重要组成部分，但其并未被纳入当前的资源价值核算体系，造成农户福利的大量损失。

五　主体功能区下农地发展受限实质上是对限制、禁止开发区内农地发展权价值实现的抑制，在不同功能区内产生了不同程度的管制

主体功能分区下农地发展受限主要是指对部分功能区而非全部功能区内农地开发的限制，这是宏观意义上的限制，即对整个限制、禁止开发区内农地产权的经济价值完全实现所施加的管制或约束，这种开发受限实质上是抑制了部分区域内农地发展权价值的实现，导致不同功能区内农地市场价格及农地价值受限程度等具有较大的差异，但管制最终是为了促进区域间协调发展、保护农地及生态环境、实现整个社会可持续发展。

当前，国内外学者对政府管制下的农地价值受限程度方面定量研究不多，依据资产定价理论以及农地发展权估价，本书构建基于主体功能分区的农地开发受限模型并对湖北省不同功能区内农地价值实现的限制程度进行实证分析，研究结果表明：禁止开发区内农地价值管制系数为0.49，要远远高于限制开发区内农地价值限制系数0.208，优化开发区内基本不存在管制，重点开发区还应对农地重点开发征税，各主体功能区农地开发受限程度从高到低排列依次为：禁止开发区、限制开发区以及优化开发区和重点开发区。

六　主体功能区下农地发展受限补偿标准对应于各区受管制的农地发展权价值，禁止发展区价值补偿额并非一定高于限制发展区农地价值补偿额

主体功能分区下的农地开发受限补偿主要根据区域内农地价值受限程度，以主体功能区为区域范围，以特定功能区内相关产权主体为对象，对受限农地的开发价值进行弥补，补偿具有目标多重性、方式多样性、制度保障性等特点，补偿标准对应于功能分区所造成的受管

制农地发展权价值，区别于主体功能区生态补偿、综合利益补偿，具有独特的研究视角与衡量内容等。

该农地发展权补偿标准并未考虑分区管制所带来的各种潜在影响，仅通过开发受限农地的公平市场价值或价格，也就是限制、禁止开发区农地发展权总价值与对应的农地价值管制系数乘积来衡量。两区受限农地价值分别占各功能区内农地总价值的 16.47% 与 25%，给各功能区内带来较大的农地产权价值损失。实证结果也表明：尽管禁止发展区农地发展受限程度要大于限制开发区农地发展受限程度，但由于限制发展区农地发展权价值远高于禁止发展区农地发展权价值，因此得到的农地价值补偿额（31.73 亿元）仍然要高于禁止发展区农地价值补偿额（25.04 亿元），说明不同功能区内农地发展受限程度与功能区得到的价值补偿标准具有不一致性。

七　主体功能区下农地发展权补偿是功能分区下利益补偿构成中重要的组成部分，农地发展权补偿机制具有完整的构成内容，最终形成政府主导性补偿与市场补偿两种模式并存的补偿格局

主体功能区农地发展权补偿区别于主体功能分区下生态补偿、综合利益补偿等，是主体功能分区下综合利益补偿内容中重要的组成部分，具有自身特点与优势。农地发展权补偿机制是指为了弥补限制、禁止开发区内农地产权人的发展权价值损失，运用政府和市场手段，由优化、重点开发区及不同主体对限制、禁止开发区进行价值补偿，在总体上协调不同功能区、不同利益主体之间农地产权利益分配关系的一系列制度安排，它具有独特的补偿标准、补偿原则以及补偿对象与主体，构成一个完整的体系。

与主体功能分区下生态补偿、综合利益补偿资金来源相比，农地发展权的补偿资金还可以来源于农地发展权销售。农地发展权补偿资金分配模式主要有以纵向财政转移支付、横向财政转移支付、发展权补偿基金分配等为特征的政府主导性补偿模式以及市场补偿模式两种。我国当前乃至今后一定时期内，发挥主导作用的是政府主导性补

偿，但最终将形成政府补偿、市场补偿两模式平等并存、相互补充的补偿格局，这将是未来主体功能分区下农地发展权补偿机制的最终发展方向。

第二节　相关制度及政策建议

一　设置农地发展权，明晰产权归属，完善我国农地产权制度

农地发展权设置是一种目的性非常强的制度安排，随着社会经济的发展，其设置具有可行性与必要性。国家应从法律层面上创设、管理农地发展权，使其从农地所有权中分离或分立，成为一项独立的农地财产权利；此外，应明确将农地发展权配置给农地所有者，即集体经济组织和农民个人，提高土地利用的效率和保护土地所有者的利益，同时，可采取税收等方式将部分发展权价值在土地所有者与国家等之间分割，从而维护社会公平。

尽管在现有法律当中，集体土地所有制在名义上和国家所有制具有同等的法律地位，但现实中，农村集体并不具备完整的土地产权结构，农地所有权、占有及处置权等都处于"虚置"状态；设置农地发展权并明确其归属之后，能完善农村集体拥有的土地产权结构，使土地的集体所有制可以在事实上与土地的国家所有制处于同等的法律地位，从而有助于保护农地、缓解土地供需矛盾，优化配置土地资源，维护农民集体土地产权权益，协调各主体之间的利益冲突，最终有助于国家经济、社会等长远发展目标的实现。

二　加快我国农地、农地发展权定价技术规范的研究，建立科学的价值补偿标准

传统的农地估价方法对农地产出收益比较重视，并以此来作为重要的农地估价理论基础，按照不同的农地价值构成，农地估价方法具有很大的差异性，无论哪种估价方法都承认农地经济产出价值不能代

替农地价值；要在实际、实用、实效等原则下加快我国农地、农地发展权计量的有效办法研究，制定合理的农地（产权）价格估算技术规范。

借鉴国内外先进农地估价理论方法，以我国国情为基础，可采用特征价格法、意愿调查法等多种方法完善农地资源价值估算方法，纠正已被扭曲的农地价值体系，准确估算完全产权的农地价值，为征地补偿、城市土地储备制度等奠定基础；同时，我国也要建立起政府干预下反映市场供求与农地资源稀缺程度的发展权价格形成机制，制定科学、合理的估价技术规范，积极培育农地（发展权）评估机构、专业经纪公司等市场中介组织，以提高估价结果的准确性与可操作性，建立起科学的价值标准和评价体系，避免出现补偿标准随意性较大、综合性差、标准偏低等现象，从而调控中国农地非农化过程中的社会矛盾，维护农民集体拥有的土地产权权益，促进主体功能分区补偿等国家相关政策目标的实现。

三　建立补偿的长效机制，探索农地发展权补偿市场模式

要加大限制、禁止开发区发展权补偿机制建设，明确补偿主体与客体、方式与方法、标准与期限，使补偿制度化、规范化。补偿机制的建立是一项复杂的系统工程，需要政府、社会组织和个人的广泛参与，需要各利益相关方的协调配合和相互监督；应建立有效的社会参与机制、社会监督机制、利益协调机制等，构建相对统一的政策运行和协作平台，并采取多样化的补偿方式，完善受偿农户的社会保障体系，从而建立起补偿的长效机制，最终保障我国主体功能区发展权补偿体系有效实施和不断完善。

要优先考虑上级政府，限制、禁止开发区政府以及区域内不同社会组织、个人等对功能区补偿资金的投入力度，保证发展权补偿资金来源充足，协调不同区域主体之间的利益矛盾，以促进规划顺利实施和维护受限民众土地权益，探索"利益共赢"的发展权补偿模式；如借鉴国外经验，在社会经济条件允许情况下适度推进农地发展权补偿市场化模

式试点，在农地产权制度逐步明晰过程中，不断调整补偿方式，以受限区公正补偿为目标，由政府提供具体补偿政策，通过市场补偿使被补偿人或企业达到甚至超过管制前的经济生活条件及生产水平，提高补偿效率并形成一系列配套政策与区域层面的补偿体系。

四　推进现有财税体制改革，制定并实施有利于功能分区补偿的财税政策

推进现有财税体制改革，按照主体功能区的划分标准，构建多层次的发展权补偿财政分担体系，实现对限制、禁止开发区各方的合理补偿，如通过选择性、差异化的税收政策调节不同功能区经济发展，在某些特定区域如限制、禁止开发区通过对全部或部分企业实行一定程度的税收减免；改革现行的税收返还格局，降低优化、重点开发区地方财政的返还比例，适当提高限制、禁止开发区地方财政的返还比例，增强保护型功能区内地方财政的自给能力，拓宽功能区补偿基金的融资渠道。

同时，还需要借鉴美国等国的跨州税收争议的解决办法，建立横向区际财税争端解决机制，弥补我国偏重于纵向财税转移的不足，协调区域间资金分配不公及其他利益冲突问题；除此之外，政府还应制定并实施有利于功能分区补偿的财税政策，如修正现行对地方财政能力的评价标准，综合评价开发性功能区，尤其是重点开发区的财政创收能力，弱化对限制开发区财税增加能力的评价，在禁止开发区域建立以农地保护、生态环境维护等为核心的评价体系，从而推动现有财税制度的改革。

五　整合区域职能部门，建立主体功能区补偿综合管理机构

区域管理机构设置在很大程度上决定了区域政策的效应与效益[1]。

---

[1]　张杏梅：《加强主体功能区建设促进区域协调发展》，《宏观问题探索》2008 年第 4 期。

从目前我国跨区合作实践来看，虽然也有相应的机构协调不同区域之间发展、补偿等工作，但多数都是放在相关部门内部，缺乏专门的组织管理体系，导致相关部门工作负担加重，降低了部门工作效率，最终影响工作效果；因此，为了使补偿机制更好地运行，必须要完善与健全补偿管理机构，建立区域之间与区域内部各部门间的相互联系，推进政府职能转变，调动全社会的力量共同推动补偿工作开展。

应借鉴西方发达国家区域协调开发经验，整合类似"西部办"、"东北办"和"中部办"等机构（贾康，2008），优化发展权补偿政策实施的政府管理体制，建立跨区性质的主体功能区管理机构（或管理委员会），为补偿起到服务者与调控者的作用。不同层级的功能区对应于不同级别的管理机构（管委会），该机构可由发改委、财政、农业、国土、社保、审计等相关部门等组成，各部门职责权利要明确，其职责主要在于保持上下功能区管理机构之间信息的畅通，整合功能区内外重叠的部门职能，调整不同利益主体之间关系，集合各部门及全社会力量扩大补偿资金来源途径，在限制、禁止开发区内制定并落实具有差异化的配套政策措施或实施细则，形成最佳补偿资金分配模式，保持补偿政策的稳定性，提高补偿机制的实施效率，定期对发展权补偿工作进行监督检查，并对资金使用情况进行审计等；此外，政府管理部门还应提供合作平台，以解决主体功能分区下发展权补偿过程中出现的各种新情况、新问题等。

六　加强补偿立法、执法水平，为补偿提供法律保障，强化监督监控

区域经济政策涉及政府对区域之间利益关系的调节，只有依靠法律的威严，才能保证区域经济政策的权威性和稳定性[①]，同时，从国外经验看，区域规划一般都有相应的立法体系，尤其是跨行政区规划的实施与管理，需要通过立法来保证规划的权威性和执行力（陈秀

① 参看贺显南《区域经济协调发展中的中外政府行为比较》，《国际经贸探索》2005年第21卷第2期。

山，2006）；因此，在主体功能区划实施过程中，要完善农地价值补偿法律法规建设，保证补偿制度的严肃性和规范性，构建对补偿的监督机制，为更好地实现补偿效果提供法律保障。必须同步加强发展权补偿的立法、执法工作，将补偿方式和标准的制定和实施以法律法规等形式确定下来，并将补偿条款纳入其中，不同地方制定相应的实施条例，对功能区管理、生态环境建设、补偿资金投入的方针、政策、措施进行统一规定和协调，明确功能区补偿的责任主体、管理机制、法律责任等，确保各项工作科学化、民主化和规范化。

同时，职能部门要监督审计财政转移等资金的使用效果，资金的拨付和使用必须在政府信息平台上公开接受公众监督，提高透明度，专款必须做到专用；对于负责拨款的中央或上级部门，也要有一套评估和审查体系，加大资金分配等方面的监督力度。此外，相关法律法规也应具有一定可操作性与指导意义，并与现有法律相衔接，依靠法律等手段对影响区域发展的分散决策予以规范，从多方面强化法律监督、监控，从而全面落实整个补偿机制，确保主体功能区补偿目标的实现。

第三节　讨论与展望

文章阐述了农地发展权的内涵及其归属，借助发展权估价的基本理论模型及意愿调查法估算了不同区域内农地发展权价；同时，运用资产定价理论对主体功能区下农地发展受限程度进行了实证研究，并以此为基础估算出限制、禁止开发区农地发展权补偿标准，最后对农地发展权补偿机制进行了系统分析，得出了一些结论，但文章在研究内容、研究方法、区域选择等方面还存在不足之处，需要进一步探讨。

一　农地发展权定价需要进一步深入研究

（一）有关农地发展权内涵及构成

基于对农地发展权内涵的设定，本书尝试对一般意义上可能改变用途的农地的发展权价格进行估价，未具体研究包括容积率、开发强度提高等在内的农地发展权价格内涵；此外，由于受资料及调查等所限，文中的农地主要指常用耕地，并未研究园地、林地等其他地类的发展权估价，今后研究应考虑尽可能多的农地地类的发展权价值，并对不同内涵的农地发展权价格进行分类研究，以提高农地发展权估价的完整性。

（二）有关农地发展权定价方法

在研究时范围较大，调研中所选择的两个区域分别是省级层面上的限制、禁止开发区，各区内不同县市的自然、社会经济特征可能具有一定差异性，且区域内农地并非都是均质的，虽然宜昌、仙桃部分地区在资源及经济条件方面具有相似性，但这两地的地形地貌及发展空间等具有差异性，划归一个样本区进行发展权价值估算并不是非常合适；同时，文中的农地发展权定价是以点带面，仅求出了整个区域农地发展权价值的平均值，未考虑不同区位、不同用途农地特征及农地农业用途差异等对农地发展权价格的影响，因此要在以后条件允许情况下充分考虑区位、转用用途、农地地类等对农地发展权价格的影响，详细测算非均质的各农地地块的发展权，进一步提高分区下农地发展权估价的准确性等。

研究中假设所有常用耕地都具有开发潜力，这可能与现实不符，有些地块也许永远都不会开发，也就不具有最高用途回报价值，以该价值为基础估算发展权价格是否完全合理值得思考；文中也并未充分考虑各种可能的转化成本以及时间因素等对农地发展权价值的影响，这些都值得我们以后认真思考并提出更好的解决方法。

同时，考虑到农地发展权价格的确定与政府利用等宏观、微观目标指向有关（汤芳，2005；臧俊梅，2007），需要尝试构建反映区域功能定位、市场供求和政府引导相结合的发展权定价方法体系，正确区分优化、限制和禁止开发区域农地发展权的差异；因此，在以后资料与条件等允许的情况下，要采用特征价格法、意愿调查法、供需预测法、市场销售对比法等多种方法综合分析来确定农地发展权价格，使农地发展权的估价方法逐步准确、不断趋于完善。

（三）有关意愿调查法运用的准确性

本书采用意愿调查法（CVM）估算了完全产权的农地价格，今后需要在问卷设计、数据处理、方法选择、误差消除等方面进一步完善，可尝试采用更严密的平均值及中位值求取被调查群体的最大支付意愿，强化对 CVM 的可靠性检验，对比 WTP 与 WTA 估算结果，在条件允许下采用逐步出价法等方法并与支付卡法进行对比分析；另外，此次农地价值调查时样本容量不是很多，今后可在此基础上增加样本容量及不同群体的意愿调查以尽可能减少 CVM 法估算偏差，提高农地发展权估价的科学性与准确性。

二　农地发展权补偿标准分析应更加具体全面

（一）有关农地发展受限

尽管笔者已认识到有些区域即便没有功能分区但由于自然、社会经济等条件的限制也会导致农地发展权价值无法实现，而且农地发展权价值也不是任何时点、任何地点上都能实现的，依据在这些情况下确定出来的农地发展受限程度及补偿标准并不是很合适，但由于资料及研究条件等所限，本书未能对该问题进一步具体分析；同时，研究时假设分区下农地价值实现过程中主要是"分区规划"因素起作用，同一区域内农地所承受的分区管制程度是一致的，而实际上农地价值形成要受到政治、经济甚至很多潜在因素等影响，仅考虑"分区规划"因素略显片面，而且同一区域内所有农地承受完全一致的分区管制与现实情况也不太吻合；因此，要完整理解农地价值构成，可尝试采取多种符合主体功能分区下农地发展受限内涵的限制程度测算方法进行分析对比，深入研究更加具体、合理、严密的农地开发受限程度测算技术方法，为分区下农地发展权补偿奠定基础。

（二）有关补偿标准的确定

价值判断或理论基础不同将导致补偿标准间具有较大的差异性。本书采用适当补偿，即以受限农地发展权的市场价值为标准进行补偿，未充分考虑受限所带来的各种潜在影响，没有详细分析农地发展权配置所带来的农户发展损失与补偿之间的关系，因此，在今后条件允许的情况下，应尝试将适当补偿与完全补偿统筹考虑，综合分析功能区农户受益受损之间的关系，验证对比各种补偿标准，提高经济补偿标准的科学性、准确性。

同时，本书所研究的补偿标准是一次性补偿，并未考虑时间因子对补偿标准所造成的影响，而不同发展时期发展权补偿标准应该也不同，因此，以后应明确主体功能区划分时点，深入研究分时期、分阶段的农地价值补偿标准，并将农地发展权补偿标准与主体功能区划的动态调整结合起来，最终确定出更加科学、合理的农地发展权补偿标准。

（三）有关补偿标准的外部性及分割

本书确定的补偿标准未认识到农地开发带来的外部性问题，也未能将分区导致的潜在社会影响等纳入补偿范畴；另外，现有补偿标准是否已达帕累托最优，能否在价值判断中实现全社会福利均衡等问题都还值得我们进一步研究。同时，该补偿标准只是宏观层面上功能区之间的发展权补偿，并未考虑功能区内外不同微观主体之间补偿比例该如何分割，主体功能分区下市地发展权补偿标准究竟该如何确定等也都应该是我们以后深入研究的方向。

三　研究的主体功能区地域局限性

文章选取了湖北省宜昌、仙桃与荆门三个地市的部分地区作为研究区域，局限于分析湖北省内主体功能区农地发展权补偿状况，而主体功能区区划及其实践操作等在我国正处于起始阶段，功能区跨区利益补偿问题是具有普遍性的；我国东部沿海省份经济发达、市场体系较完备，由此带来的农地发展权补偿标准以及发展权补偿模式等与内地相比会具有较大的差异，要进一步扩大研究区域，在不同区域之间进行发展权补偿方面的对比分析，以便得到更有价值的研究结果。同时，研究中的主体功能区划分主要依据于已出台的《武汉城市圈总体规划》，而湖北省主体功能分区并未划到所有具体的县市，省级层面上对不同县市的主体功能定位也并不明确，因此，这使文中的主体功能分区有可能存在不准确、不合理之处，由此将导致补偿标准产生一定程度的偏差，这对研究结果可能带来的各种影响等也值得继续深入研究。

四　增强发展权补偿机制的现实操作性

文章构建的主体功能分区下农地发展权补偿主要有政府主导性补偿以及市场补偿两种补偿模式，具有一定探索性，但其实践操作性不够强；要以当前政策体系为基础，突出主体功能分区下农地发展权补偿研究的价值及与主体功能分区下生态补偿、利益补偿机制研究的差异性，完善农地发展权补偿机制建设；例如，考虑主体功能分区下的农地发展权补偿如何与当前限制、禁止开发区域公共服务财政转移支付和生态补偿①衔接，思考如何在更大程度上增强农地发展权市场补偿机制的可操作性与实施效果等。

要进一步界定农地开发所获收益及受益区域，明确不同层级政府在补偿中的介入程度及资金支付责任等，以体现出限制、禁止开发区补偿政策的差异，保证主体功能区农地发展权补偿工作的有效开展。同时，尽管我国目前并未设置农地发展权，但农地发展权市场补偿模式不一定非要在农地价值核算体系完全形成、农地发展权交易市场构建之后才去实行，可以在当前条件允许情况下，考虑在农地发展权补偿过程中设计灵活的补偿形式，充分利用现有土地市场来处理不易量化的问题实现补偿；其后，随着我国资源价值核算体系的完善与农地发展权交易市场的成熟，可逐步调整并完善农地发展权补偿机制，从而保障整个农地发展权补偿过程顺利、有序地进行。

---

① 蔡春红：《完善财政转移支付制度的政策建议》，《中国行政管理》2008年第4期。

附　录

湖北省农地价值农户调查问卷

调查单位：华中农业大学土地管理学院

调查者：_____　调查时间：_____

调查对象：_____县（市）_____区（乡、镇）_____村（居委会）_____组

问卷编号：_____

第一部分　农户现有农地情况及其认知态度

1. 您认为土地对农户家庭的作用有哪些：

A. 家庭收入主要靠土地

B. 全家日常生活所需食品靠土地提供

C. 家里有土地感觉有保障，种地牢靠、保险

D. 子女可以继承

E. 被征地后可以获得补偿

F. 生活在农村，环境好、空气清新

G. 其他作用

H. 土地没什么用

2. 您认为承包土地属于谁所有：A. 国家　B. 政府　C. 村　D. 组　E. 个人

3. 农户农地资源现状

（1）您家耕作的土地属于（客观）：A. 国家　B. 政府　C. 村 D. 组　E. 个人

（2）农地资源现状

地类 （　　）年	耕地			园地	林地	养殖水面	其他	总计
	菜地	水田	旱地					
家庭现有农地面积（亩）								

4. 最近一次的被征土地质量：A. 高产田　B. 中产田　C. 低产田

5. 请您估算一下每亩水田、旱地每年可以分别净赚多少钱

A. 1000 元以上　　　B. 900 元左右　　　C. 700 元左右

D. 600 元左右　　　E. 500 元左右　　　F. 400 元左右

G. 300 元左右　　　H. 50 元左右　　　I. 50 元以下

J. 自由填写＿＿＿＿＿＿＿＿＿＿＿＿＿

6. 最近一次征地前农户农地收益状况：

地类 作物名称	水田					旱地				鱼塘	
	早稻	中稻	晚稻			小麦	油菜	棉花			
种植面积（亩）											
亩均产量（斤/亩）											
每斤销售单价：元											
亩均投入　物质											
劳动力											
机械											

物质投入包括种子、化肥的投入，劳动力投入是假设全部请人耕作需要付的钱，机械是使用机械耕具所要出的钱。最好能利用农村土地分等定级和征地区片地价资料。

第二部分　农户个人及家庭特征

1. 下面仅填写受访者、户主以及主要劳动力的个人情况（请标明受访者 s 和户主 h）：

编号	性别 1男 2女	年龄	教育程度	是否主要劳动力 1是 2否	是否村干部 1是 2否	是否党员 1是 2否	主要职业		如果有非农收入纯收入？元/月		每年能够从事兼业的时间（月）	
							征地前	征地后	征地前	征地后	征地前	征地后
1												
2												
3												
4												
5												

填上表说明：

主要职业：1 在家完全务农，2 在家以务农为主，3 外出打工，4 民办教师，5 医生，6 个体经营，7 其他的请说明。

2. 被调查农户基本家庭情况

全家共_____口人，其中_____个被抚养人口（包括老人、小孩、学生、病人等）。

3. 农业生产（如种地等）对您家庭经济状况改善程度是_____

A. 很满意　B. 一般满意　C. 不好不坏　D. 不满意　E. 很不满意；如果不满意，以后该_____

4. 离您家最近的医院或卫生站大约有多远：

A. 1—2 公里　B. 2—3 公里　C. 3—4 公里　D. 4—5 公里 E. 5—6 公里　F. 6—7 公里　G. 7—8 公里　H. 8—9 公里　I. 9—10 公里　J. 10 公里以上

5. 您对目前家庭收入的满意程度：

A. 很满意　　　B. 一般满意　　　C. 不好不坏　　　D. 不满意 E. 很不满意

6. 最近一次征地前后农户生活收入情况调查：

征地前您家其他农业副业（如养猪、鸡、鸭等）的年纯收入是_____元，征地后是_____元。

第三部分　意愿价格调查

请先阅读下面这段话：政府的征地活动可能会影响到您的原有生活方式和生活水平，这些影响包括有利的影响，如您可以获得现金或者有更多的从事非农就业的机会等，也包括不利的影响，如失去土地这个生活保障工具或者生活成本增加等。请您权衡有利和不利的各种影响，填写下列有关提问。

在本问卷中，土地征收与传统土地征用的含义一样，是土地所有权由集体向国家的转换，同时农户失去承包权。土地的定义是农地解除规划管制后可用于建设的毛地，具有土地发展权。

WTA

假设政策允许您可以将自己承包使用的农地转让或卖给其他个人或者企业用于建设住宅或者厂房，或者被政府征用，那么您认为您可以接受的最少补偿价格每亩是多少？按地类区分：（请在您认可的答案后面画钩）

1. 其中水田多少钱一亩？

A. 0.5 万元　B. 0.5 万—1 万元　C. 1 万—2 万元　D. 2 万—3 万元　E. 3 万—4 万元　F. 4 万—5 万元　G. 5 万—6 万元　H. 6 万—7 万元　I. 7 万—8 万元　J. 8 万—9 万元　K. 9 万—10 万元　L. 10 万—11 万元　M. 11 万元以上　如果认为高于 11 万元或者低于 0.5 万元，请自由填写价格_____万元。

2. 旱地多少钱一亩？

A. 0.5 万元　B. 0.5 万—1 万元　C. 1 万—2 万元　D. 2 万—3 万元　E. 3 万—4 万元　F. 4 万—5 万元　G. 5 万—6 万元　H. 6 万—7 万元　I. 7 万—8 万元　J. 8 万—9 万元　K. 9 万—10

万元　L. 10万—11万元　M. 11万元以上　如果认为高于11万元或者低于0.5万元，请自由填写价格_____万元。

WTP

如果本村集体通过土地整理等手段增加的一些耕地，目前有部分农田对外出售，本村村民优先购买，年限是无限期，这类土地可以用于建设住宅、工厂等，您也可以继续农业种植或者等待以后自由出售，但是需要您出价购买，请问您最多愿意支付多少钱？

1. 其中水田多少钱一亩？

A. 11万元以上　B. 10万—11万元　C. 9万—10万元　D. 8万—9万元　E. 7万—8万元　F. 6万—7万元　G. 5万—6万元　H. 4万—5万元　I. 3万—4万元　J. 2万—3万元　K. 1万—2万元　L. 0.5万—1万元　M. 0.5万元　如果认为高于11万元或者低于0.5万元，请自由填写价格_____万元。

2. 旱地多少钱一亩？

A. 11万元以上　B. 10万—11万元　C. 9万—10万元　D. 8万—9万元　E. 7万—8万元　F. 6万—7万元　G. 5万—6万元　H. 4万—5万元　I. 3万—4万元　J. 2万—3万元　K. 1万—2万元　L. 0.5万—1万元　M. 0.5万元　如果认为高于11万元或者低于0.5万元，请自由填写价格_____万元。

参 考 文 献

[1] 安晓明：《自然资源价值及其补偿问题研究》，博士学位论文，吉林大学，2004 年。

[2] 包振娟、罗光华、贾云鹏：《主体功能区建设的配套政策研究》，《经济纵横》2008 年第 5 期。

[3] 保建云、刘富华：《区域发展中资源地域空间配置优化计量与微观均衡研究》，《中国地质大学学报》（社会科学版）2002 年第 2 期。

[4] 毕宝德：《土地经济学》，中国人民大学出版社 2001 年版。

[5] 蔡银莺：《农地生态与农地价值关系研究》，博士学位论文，华中农业大学，2007 年。

[6] 曹建华：《林业投资项目环境影响价值评价研究》，博士学位论文，中国农业大学，2003 年。

[7] 柴强：《各国（地区）制度与政策》，经济学院出版社 1993 年版。

[8] 陈江龙等：《农地非农化效率的空间差异及其对土地利用政策调整的启示》，《管理世界》2004 年第 8 期。

[9] 陈琳、欧阳志云、王效科等：《条件价值评估法在非市场价值评估中的应用》，《生态学报》2006 年第 2 期。

[10] 陈秀山、张弱：《主体功能区从构想走向操作》，《决策》2006 年第 12 期。

[11] 陈彦斌、周业安：《行为资产定价理论综述》，《经济研究》2004 年第 6 期。

[12] 陈晔、宋旭文：《权益资产定价理论及其在我国的应用前景》，《企业经济》2005 年第 11 期。

[13] 程玲俐：《水资源价值补偿理论与川西民族地区可持续发展》，《西南民族大学学报》（人文社科版）2004 年第 25 卷第 6 期。

[14] 程文仕：《意愿调查法在征地区片综合地价评估中的应用》，《中国土地科学》2006 年第 20 卷第 5 期。

[15] 戴珊：《关于行政补偿标准的若干问题研究》，硕士学位论文，东北财经大学，2007 年。

[16] 戴中亮、杨静秋：《农村集体土地发展权的二元主体及其矛盾》，《南京财经大学学报》2004 年第 5 期。

[17] 单新国：《土地发展权法律制度研究》，硕士学位论文，西南政法大学，2006 年。

[18] 邓浩强、楼江：《噪声对房地产价值影响的分析：基于 CVM 的评估思路》，国际房地产估价学术研讨会论文集，2005 年。

[19] 邓崧、彭艳：《论 CVM 法在电子政务评估中的适用》，《云南师范大学学报》（社科版）2008 年第 40 卷第 3 期。

[20] 丁丽丽、赵敏娟：《农地发展权流转市场构建初探》，《特区经济》2009 年第 1 期。

[21] 董普：《现阶段农用土地资源价格评估研究》，博士学位论文，中国地质大学，2005 年。

[22] 杜黎明：《推进形成主体功能区能力评估研究》，《开发研究》2007 年第 4 期。

[23] 杜业明：《现行农村土地发展权制度的不均衡性及其变迁》，《西北农林科技大学学报》2004 年第 4 卷第 1 期。

[24] 范辉：《农地发展权价格研究》，硕士学位论文，华中农业大学，2006 年。

[25] 高国力：《再论我国限制开发和禁止开发区域的利益补偿》，《今日中国论坛》2008 年第 6 期。

［26］高建中：《森林生态产品价值补偿研究》，博士学位论文，西北农林科技大学，2005年。

［27］邰永昌：《中国土地使用管制法律制度研究》，博士学位论文，重庆大学，2007年。

［28］顾朝林、张晓明、刘晋媛等：《盐城开发空间区划及其思考》，《地理学报》2007年第62期。

［29］郭熙保、王万珺：《土地发展权、农地征用及征地补偿制度》，《河南社会科学》2006年第14卷第4期。

［30］郭湘闽：《论土地发展权视角下旧城保护与复兴规划》，《城市规划》2007年第31卷第12期。

［31］郭勇：《浅析土地发展权与土地利用规划》，《国土资源科技管理》2007年第6期。

［32］国家发展改革委国土开发与地区经济研究所课题组：《我国限制开发和禁止开发区域利益补偿研究》，《宏观经济研究》2008年第5期。

［33］何剑华：《用hedonic模型研究北京地铁13号线对住宅价格的效应》，博士学位论文，清华大学，2004年。

［34］贺思源、郭继：《主体功能区划背景下生态补偿制度的构建和完善》，《特区经济》2006年第11期。

［35］贺瑶：《湖北省主体功能区建设与区域协调发展》，硕士学位论文，华中师范大学，2008年。

［36］洪辉、杨庆媛：《主体功能区农地发展权转移与耕地保护初探》，中国土地学会年会论文集，2008年。

［37］侯晓丽、贾若祥：《我国主体功能区的区域政策体系探讨》，《中国经贸导刊》2008年第2期。

［38］胡海丰：《住宅面积与环境宁适需求的取舍》，（台北）《建筑学报》2002年第39期。

［39］胡兰玲：《土地发展权论》，《河北法学》2002年第2期。

［40］胡蓉：《农用地转用的环境补偿研究》，博士学位论文，西南大学，2007年。

［41］ 黄秉维：《中国综合自然区划纲要》，《地理集刊》1989 年第 21 期。

［42］ 黄金辉：《新城镇居民的卫生服务需求和医疗保险研究》，博士学位论文，复旦大学，2007 年。

［43］ 黄雅玲、陈明健：《厨馀回收及其经济效益之评估——以台中市社区为例》，《台湾土地金融季刊》2004 年第 41 卷第 3 期。

［44］ 黄祖辉、汪晖：《非公共利益性质的征地行为与土地发展权补偿》，《经济研究》2002 年第 5 期。

［45］ 季禾禾、周生路、冯昌中：《试论我国农地发展权定位及农民分享实现》，《经济地理》2005 年第 25 卷第 2 期。

［46］ 贾康、马衍伟：《推动我国主体功能区协调发展的财税政策研究》，《财会研究》2008 年第 1 期。

［47］ 贾若祥：《建立限制开发区域利益补偿机制》，《中国发展观察》2007 年第 10 期。

［48］ 金健君、王志石：《澳门固体废物管理的经济价值评估——选择试验模型法和条件价值法的比较》，《中国环境科学》2005 年第 25 卷第 6 期。

［49］ 雷寰：《北京市郊区城市化进程中失地农民利益问题研究》，博士学位论文，中国农业大学，2005 年。

［50］ 李国平、张云：《矿产资源的价值补偿模式及国际经验》，《资源科学》2005 年第 27 卷第 5 期。

［51］ 李慧敏：《农用地价格理论及其应用研究》，硕士学位论文，东北农业大学，2006 年。

［52］ 李金昌、姜文来、靳乐山、任勇：《生态价值论》，重庆大学图书馆 1999 年版。

［53］ 李丽红、么贵鹏、张广文：《农地发展权视角下失地农民补偿问题研究》，《经济研究导刊》2007 年第 10 期。

［54］ 李林、文华、段光锋：《条件价值法在医院院誉价值评估中的应用》，《中国医院管理》2007 年第 27 卷第 12 期。

［55］ 李振京、冯冰、郭冠南：《主体功能区建设的制度保障调研与

建议》,《宏观经济管理》2007 年第 5 期。

［56］李志勋:《城市拆迁行政补偿制度研究》,硕士学位论文,郑州大学,2005 年。

［57］梁慧星:《中国物权法研究》,法律出版社 1998 年版。

［58］梁丽娟:《流域生态补偿市场化运作制度研究》,硕士学位论文,山东农业大学,2006 年。

［59］廖喜生、陈甲斌:《从集体用地流转看我国农村土地发展权配置》,《中国国土资源经济》2007 年第 12 期。

［60］林毅夫:《再论制度、技术与中国农业发展》,北京大学出版社 2000 年版。

［61］林逢春、陈静:《条件价值评估法在上海城市轨道交通社会效益评估中的应用研究》,《华东师范大学学报》(哲学社会科学版)2005 年第 37 卷第 1 期。

［62］刘峰江、期海明:《生态市场补偿制度研究》,《昆明理工大学学报》(社会科学版)2005 年第 3 期。

［63］刘国才:《流域经济要与环境保护协调发展》,《环境经济杂志》2007 年第 6 期。

［64］刘国臻:《论美国的土地发展权制度及其对我国的启示》,《法学评论》2007 年第 3 期。

［65］刘国臻:《论英国土地发展权制度及其对我国的启示》,《法学评论》2008 年第 4 期。

［66］刘国臻:《中国土地发展权论纲》,《学术研究》2005 年第 10 期。

［67］刘慧芳:《论我国农地地价的构成与量化》,《中国土地科学》2000 年第 14 卷第 3 期。

［68］刘韶岭:《城市房屋拆迁中土地使用权价值补偿的显化》,《城市房屋拆迁》2006 年第 8 期。

［69］刘礼军:《异地开发——生态补偿新机制》,《水利发展研究》2006 年第 7 期。

［70］刘明明:《土地发展权基本理论问题研究》,硕士学位论文,山

东科技大学，2007 年。

[71] 刘青：《江河源区生态系统服务价值与生态补偿机制研究——以江西东江源区为例》，博士学位论文，南昌大学，2007 年。

[72] 刘通、陈龙桂：《如何划分优化开发和重点开发区域》，《宏观经济管理》2006 年第 11 期。

[73] 刘文静：《农地征用的土地补偿机制》，硕士学位论文，暨南大学，2006 年。

[74] 刘新平、韩桐魁：《农地土地开发权转让制度创新》，《中国人口·资源与环境》2004 年第 1 期。

[75] 刘永湘、杨明洪：《中国农民集体所有土地发展权的压抑与抗争》，《中国农村经济》2003 年第 6 期。

[76] 刘禹麒、熊华、罗伟玲：《中国土地产权限制探析》，《资源·产业》2005 年第 7 卷第 5 期。

[77] 刘玉：《主体功能区建设的区域效应与实施建议》，《宏观经济管理》2007 年第 9 期。

[78] 柳志伟：《农地征收的补偿问题研究》，博士学位论文，湖南大学，2007 年。

[79] 吕芳：《地域主体功能区划理论与实践研究》，硕士学位论文，河北农业大学，2008 年。

[80] 吕萍、孙琰华：《国外农地转用价格的确定方法》，《中国土地科学》2004 年第 18 卷第 3 期。

[81] 马思新、李昂：《基于 Hedonic 模型的北京住宅价格影响因素分析》，《土木工程学报》2003 年第 9 期。

[82] 孟星：《城市土地的政府管制研究》，复旦大学出版社 2005 年版。

[83] 孟召宜、朱传耿等：《我国主体功能区生态补偿思路研究》，《中国人口·资源与环境》2008 年第 18 卷第 2 期。

[84] 潘善斌：《农地征收法律研究》，博士学位论文，中央民族大学，2007 年。

[85] 任庆恩：《中国农村土地权利制度研究》，博士学位论文，南京

农业大学，2003 年。

[86] 任艳胜、张安录：《基于主体功能分区的土地发展权补偿模式研究》，《中国房地产研究》2009 年第 1 期。

[87] 任艳胜、张安录：《农地价值与农户福利补偿研究》，《生态经济》2006 年第 10 期。

[88] 任艳胜、张安录：《主体功能分区下农地发展权补偿的合理性和意义分析》，中国土地学年会论文集，2008 年。

[89] 沈海虹：《文化遗产保护领域中的发展权转移》，《中外建筑》2006 年第 2 期。

[90] 石璐：《土地用途变更管制制度研究》，硕士学位论文，西南财经大学，2007 年。

[91] 石强、刘友兆：《农地发展权的设立及权利分享构架》，《广东土地科学》2007 年第 6 期。

[92] 司坡森：《论国家补偿》，博士学位论文，中国政法大学，2004 年。

[93] 孙弘：《中国土地发展权研究：土地开发与资源保护的新视角》，中国人民大学出版社 2004 年版。

[94] 孙弘宇：《以产权保护为核心的土地管理模式》，博士学位论文，同济大学图书馆，2006 年。

[95] 谈亭亭：《浅析我国农地发展权的归属问题》，《市场周刊（理论研究）》2008 年第 3 期。

[96] 汤芳：《农地发展权定价研究》，硕士学位论文，华中农业大学，2005 年。

[97] 汤志林：《我国土地发展权构建：优化城市土地管理的新途》，《中国地质大学学报》（社会科学版）2006 年第 6 卷第 5 期。

[98] 陶然、徐志刚：《城市化、农地制度与迁移人口社会保障——一个转轨中发展的大国视角与政策选择》，《经济研究》2005 年第 12 期。

[99] 田春雷：《土地发展权及其在我国的配置》，硕士学位论文，武汉大学，2005 年。

[100] 万磊：《土地发展权的法经济学分析》，《重庆社会科学》
2005 年第 9 期。

[101] 汪峰：《农地价值评估及其社会保障功能研究》，硕士学位论
文，浙江大学，2001 年。

[102] 汪晖、陶然：《建设用地计划管理下的土地发展权转移与交
易》，《中国经贸导刊》2009 年第 1 期。

[103] 王定祥、李伶俐：《城镇化、农地非农化与失地农民利益保护
研究》，《中国软科学》2006 年第 10 期。

[104] 王海鸿、杜茎深：《论土地发展权及其对我国土地征收制度的
创新》，《中州学刊》2007 年第 5 期。

[105] 王海勇：《房地产税收的一般经济分析》，《税务与经济》
2004 年第 6 期。

[106] 王克强：《中国农村集体土地资产化运作与社会保障机制建设
研究》，上海财经大学出版社 2005 年版。

[107] 王丽芳：《农村土地信托保护模式下的土地可转移发展权运作
模式研究》，《北京农业》2007 年第 5 期。

[108] 王利军、徐东瑞、崔立昌：《中国土地价格形成分析》，《河北
师范大学学报》（哲学社会科学版），2003 年第 26 卷第 3 期。

[109] 王梦炜、韩莉：《论完善推进主体功能区建设的转移支付制
度》，《广东行政学院学报》2007 年第 19 期。

[110] 王万茂、臧俊梅：《试析农地发展权的归属问题》，《国土资源
科技管理》2006 年第 23 期。

[111] 王小映：《全面保护农民的土地财产权益》，《中国农村经济》
2003 年第 10 期。

[112] 王小映：《土地征收公正补偿与市场开放》，《中国农村观察》
2007 年第 5 期。

[113] 王引子：《征地价格评估的理论与方法缺陷及其矫正研究》，
硕士论文，南京农业大学，2006 年。

[114] 王永慧、严金明：《农地发展权界定、细分与量化研究》，《中
国土地科学》2007 年第 21 期。

［115］王永莉：《国内土地发展权研究综述》，《中国土地科学》2007 年第 21 期。

［116］王昭正、陈益壮、林建信：《奥万大森林游乐区游客会费意愿分析——多指标多因子模式之应用》，（台湾）《农业经济半年刊》，2001 年第 70 卷第 2 期。

［117］魏后凯：《对推进形成主体功能区的冷思考》，《中国发展观察》2007 年第 3 期。

［118］吴佩瑛、苏明达：《60 亿元的由来——垦丁国家公园资源经济价值评估》，（台北）前卫出版社 2001 年版。

［119］吴启焰、崔功豪：《南京市居住空间分异特征及其形成机制》，《城市规划》1999 年第 12 期。

［120］许根林、施祖麟：《主体功能区差别化土地政策的合理定位分析》，《经济体制改革》2007 年第 5 期。

［121］许丽忠、吴春山、王菲凤等：《条件价值法评估旅游资源非使用价值的可靠性检验》，《生态学报》2007 年第 27 卷第 10 期。

［122］宣亚南、崔春晓：《生态标识食品：消费者实际支付缘何高于陈述支付意愿》，《农业技术经济》2005 年第 5 期。

［123］薛达元、包浩生、李文华：《长白山自然保护区森林生态系统间接经济价值评估》，《中国环境科学》1999 年第 29 卷第 3 期。

［124］薛燕、胡娜：《行为资产定价理论述评》，《经济师》2005 年第 8 期。

［125］杨成余：《农地发展权探微》，硕士学位论文，湖南大学，2006 年。

［126］杨凯、赵军：《城市河流生态系统服务的 CVM 估值及其偏差分析》，《生态学报》2005 年第 25 卷第 6 期。

［127］杨勇：《集体建设用地价格形成机制》，硕士学位论文，四川大学，2006 年。

［128］臧俊梅、王万茂：《从土地权利变迁谈我国农地发展权的归

属》，《国土资源》2006 年第 6 期。

[129] 臧俊梅：《农地发展权的创设及其在农地保护中的运用研究》，博士学位论文，南京农业大学，2007 年。

[130] 臧俊梅、王万茂：《中国农地发展权的配置与流转研究》，《国土资源科技与管理》2008 年第 25 卷第 2 期。

[131] 张安录：《可转移发展权与农地城市流转控制》，《中国农村观察》2000 年第 2 期。

[132] 张帆：《环境与自然资源经济学》，上海人民出版社 1998 年版。

[133] 张改红：《农村土地建设流转中的产权制度及农民利益研究》，硕士学位论文，西南师范大学，2004 年。

[134] 张虹鸥、黄恕明、叶玉瑶：《主体功能区划实践与理论方法研讨会会议综述》，《热带地理》2007 年第 27 卷第 2 期。

[135] 张良悦：《土地发展权及其交易》，《经济体制改革》2008 年第 6 期。

[136] 张良悦：《土地发展权框架下失地农民的补偿》，《东南学术》2007 年第 6 期。

[137] 张琦、陈兴宝、崔元：《条件价值法在菌痢疫苗支付意愿研究中的应用》，《中国药房》2004 年第 15 卷第 3 期。

[138] 张效军：《耕地保护区域补偿机制研究》，博士学位论文，南京农业大学，2006 年。

[139] 张杏梅：《加强主体功能区建设促进区域协调发展》，《经济问题探索》2008 年第 4 期。

[140] 张友安、陈莹：《土地发展权的配置和流转》，《中国土地科学》2005 年第 19 期。

[141] 张友安：《土地发展权配置与流转研究》，博士学位论文，华中科技大学，2006 年。

[142] 张志强、徐中明：《黑河流域张掖地区生态系统服务恢复的条件价值评估》，《生态学报》2002 年第 22 卷第 6 期。

[143] 赵亮：《基于特征价格的住宅价格空间分异研究》，硕士学位

论文，北京交通大学，2008 年。

［144］赵琴：《农地发展权的设置问题研究》，硕士学位论文，华中师范大学，2007 年。

［145］赵铁珍：《美国白蛾入侵对我国的危害分析与损失评估研究》，博士学位论文，北京林业大学，2005 年。

［146］赵小谛：《农地产权配置与中国城市化演进均衡》，《求索》2006 年第 1 期。

［147］郑海霞：《中国流域生态服务补偿机制与政策研究》，中国农业科学院农业经济与发展研究所博士后研究工作报告，2006 年。

［148］郑振源：《"development right" 是开发权还是发展权?》，《中国土地科学》2005 年第 19 卷第 4 期。

［149］钟全林、陈少腾、王桂英：《集体林权制度改革后面临的森林资源管理问题与对策》，《林业经济》2007 年第 6 期。

［150］周刚华：《城市土地价格的微观影响因素及其实证研究》，博士学位论文，浙江大学，2004 年。

［151］周华：《基于特征价格的西安市住宅价格空间分异研究》，博士学位论文，西北大学，2005 年。

［152］周建春：《中国耕地产权与价值研究》，《中国土地科学》2007 年第 21 卷第 1 期。

［153］周建春：《耕地估价理论与方法研究》，博士论文，南京农业大学，2005 年。

［154］周建春：《农地发展权的设定及评估》，《中国土地》2005 年第 4 期。

［155］周杰：《推进形成主体功能区的国土开发创新》，《中国国情国力》2007 年第 11 期。

［156］周应恒、彭晓佳：《江苏省城市消费者对食品安全支付意愿的实证研究——以低残留青菜为例》，《经济学》（季刊）2006 年第 5 卷第 4 期。

［157］朱传耿、马晓冬：《关于主体功能区建设的若干理论问题》，

《现代经济探讨》2007 年第 9 期。

[158] 邹秀清：《农地非农化：兼顾效率与公平的补偿标准》，《农业技术经济》2006 年第 4 期。

[159] Albers, H. J. , A. C. Fisher, W. M. Hanemann, "Valuation of Tropical Forests: Implacations of Uncertainty and Irreversibility", *Environmental and Resource Economies*, Vol. 8, No. 1, 1996, pp. 39—61.

[160] Andrew J. P. , Ruben N. L. , Robert N. S. , "The Effects of Potential Land Development on Agricultural Land Prices", *Journal of Urban Economics*, Vol. 52, 2002, pp. 561—581.

[161] Andrew J. Plantinga and Douglas J. Miller, "Agricultural Value and Value of Rights to Future Land Development", *Land Economics*, No. 2, 2001, pp. 56—67.

[162] Anil Rupasingha and Stephan J. Goetz, "Land Use Research: Scientific Publications from1986 to the Present", *Rural Development Paper*, No. 8, 2001.

[163] Barrese, J. T. , "Efficiency and Equity Considerations in the Operation of Transfer of Development Rights", *Land Economics*, Vol. 59, No. 2, 1983, pp. 235—241.

[164] Barrows, R. L. and B. A. Prenguber, "Transfer of Development Rights: An Analysis of A New Land Use Policy Tool", *American Journal of Agricultural Economics*, Vol. 59, No. 4, 1975, pp. 49—57.

[165] Bastian, Chris T. , McLeod, Donald M. , Germino, Matthew J. , Reiners, William A. & Blasko, Benedict J. , "Environmental Amenities and Agricultural Land Values: A Hedonic Model Using Geographic Information Systems Data", *Ecological Economics*, Vol. 40, No. 3, 2002, p. 337.

[166] B. Budd Chavooshian and Thomas Norman, "Transfer of Development Rights: A New Concept in Land-Use Management", *The Ap-*

praisal Journal, No. 7 , 1975 , pp. 400—409.

[167] Beaton, W. P. , "The Impact of Regional Land-Use Controls on Property Values: The Case of the New Jersey Pinelands" , *Land Economics*, No. 67, 1991, pp. 94—172.

[168] Bethany Lavigno, Jeffrey Dorfman, Barry Barnett and John Bergstrom, "Farmland Preservation in Georgis: Three Possible Roads to Success" , May 10, 2004.

[169] Blondel A. Brinkman, *Farmland Preservation and Conversion: An Econometric Analysis of the Impact for the Northeastern United States* (*Ph D dissertation*), Indiana: Purdue University Graduate School, 2006.

[170] Brueckner, J. K. , "Growth Controls and Land Values in an Open City" , *Land Economics*, No. 66, 1990, pp. 237—248.

[171] Carson, R. T. , "Valuation of Tropical Rain Forest: Philosophical and Practical Issues in the Use of Contingent Valuation" , *Ecological Economics*, Vol. 24, No. 1, 1998, pp. 15—29.

[172] Cordes, M. , "Leapfrogging the Constitution: The Rise of State Takings Legislation" , *Ecology Law Quarterly*, No. 24, 1997, p. 187.

[173] Cynthia J. Nickerson, Lori Lynch, "The Effects of Farmland Preservation Programes on Farmland Prices" , *Amer. J. Agr. Econ*, Vol. 83, No. 2, 2001, pp. 341—351.

[174] Dale J. P. , "An Economic Model for the Valuation Farmland TDRs" , *The Appraisal Journal*, No. 10, 1981, pp. 547—555.

[175] Daniels, T. L. , "The Purchase of Development Rights; Preserving Agricultural Land and Open Space" , *Journal of American Planning Association*, 57. Autumn, 1991, pp. 421—431.

[176] David J. Drozd and Bruce B. Johnson, "Dynamics of a Rural Land Market Experiencing Farmalnd Conversion to Acreage: The Case of Saunders County, Nebraska" , *Land Economics*, Vol. 80, No. 2,

2004, pp. 294—311.

[177] David, A. N. , *Spatial Economic Models of Land Use Change and Conservation Targeting Strategies (Ph D dissertation)* , Berkeley: University of Californial, 2002.

[178] Elizabeth Brabeca, Chip Smithb, "Agricultural Land Fragmentation: the Spatial Effects of Three Land Protection Strategies in the Eastern United State", *Landscape and Urban Planning*, No. 58, 2002, pp. 255—268.

[179] Gowdy, J. M. , "The Value of the Biodiversity: Markets", *Society and Ecosystems. Land Economics*, Vol. 73, No. 1, 1997, pp. 25—41.

[180] Guidry, K. , J. D. Shilling and C. F. Sirmans, "Land-Use Controls, Natural Restrictions, and Urban Residential Land Prices", *Review of Regional Studies*, No. 29, 1999, pp. 5—13.

[181] Hass, G. C. , *A Statistical Analysis of Farm Sales in Blue Earth County, Minisota, As a Basis For Farm Land Appraisal (Master Thesis)* , University of Minisota, 1922.

[182] Henneberry, D. M. and R. L. Barrows, "Capitalization of Exclusive Agricultural Zoning into Farmland Prices", *Land Economics*, Vol. 66, No. 3, 1990, pp. 249—258.

[183] Henry A. Babcock, "The Applicable Method for Valuation of Undeveloped Land for Which There Is No Current Market", *Published in Valuation*, Vol. 22, No. 1, 1975.

[184] Herry C. , "Option values in the economics of Irreplaceable assets", *Review of economic studies*, No. 41, 1974, pp. 89—104.

[185] J. S. Shonkwiler and J. E. Reynolds, "A Note on the Use of Hedonic Price Model in the Analysis of Land Prices at the Urban Fringe", *Land Economics*, Vol. 62, No. 1, 1986, pp. 58—63.

[186] James T. B. , "Efficiency and Equity Consideration in the Operation of Transfer of Development Rights Plans", *Land Economics*,

1983, pp. 235—241.

[187] Jared B. S. MAI. , "The Economics Development Rights Trans-
fer", *The Appraisal Journal*, No. 10, 1972, pp. 526—537.

[188] Jason A. W. , Jill J. M. , "Takings of Development Rights with
Asymmetric Information and Anendogenous Probability of An Exter-
nality", *Journal of Housing Economics*, No. 16, 2007, pp.
320—333.

[189] John C. D. , "TDRs-Great Idea But Questionable Value", *The Ap-
praisal Journal*, No. 4, 1997, pp. 133—142.

[190] Kathryn Anderson and David Weinhold, "Do Conservation Ease-
ments Reduce Land Prices? The Case of South Central Wisconsin",
University of Wisconsin-Madison, *Department of Agricultural & Ap-
plied Economics*, Staff Paper No. 484. , 2005.

[191] Kenneth M. C. , "TDRFPAEA", *International Regional Science
Review*, Vol. 27, No. 3, 2004, pp. 348—373.

[192] Kramer, R. A. and D. E. Mercer, "Valuing A Global Environmen-
tal Good: U. S. Residents' Willingness to Pay to Protect Tropical
Rain Forests", *Land Economics*, Vol. 73, No. 2, 1997, pp.
196—210.

[193] Lawrence W. Libby, "Federal, State, and Local Programs to Pro-
tect Farmland. Taken from conference", *What the Public Values A-
bout Farm and Ranch Land*, No. 12, 2003, pp. 13—14.

[194] Leslie E. S. , "Transfer of Development Rights: An Analysis of a
New Land Use Policy Tools: Comment", *Amer. J. Agr. Econ*, No.
12, 1976.

[195] Leslie E. S. and Donn A. Derr, "Transfer Development Rights: A
Market Analysis", *Amer. J. Agr. Econ*, No. 2, 1980, pp.
130—135.

[196] Needham Barrie, "A Theory of Land Price When Land is Supplied
Publicly: the Case of Netherlands", *Urban Studies*, Vol. 29,

No. 5, 1992.

[197] Pasha, H. A. , "Suburban Minimum Lot Zoning and Spatial Equilibrium", *Journal of Urban Economics*, No. 40, 1996, pp. 1—12.

[198] Patricia L. Machemer, "Policy Analysis of Transferable Development Rights Programming Using Geographic Information Systems Modeling", *Landscape Journal*, No. 25, 2006, pp. 228—244.

[199] Pearce, D. W. and D. Moran, *The economic value of biodiversity*. *London*: Earthscan Publications Ltd. , 1995.

[200] Peter F. Colwell and Gene Dilmore, "Who Was First? An Examination of An Early Hedonic Study", *Land Economics*, Vol. 75, No. 4, 1999, pp. 620—626.

[201] Peter J. Pizor, "A Review of Transfer of Development Rights", *The Appraisal Journal*, No. 7, 1978, pp. 386—396.

[202] Richard L. B. , Bruce A. P. , "Transfer of Development Rights: An Analysis of A New Land Use Policy Tools", *Amer. J. Agr. Econ*, No. 12. , 1975.

[203] Richard, L. B. , Barrows, A. P. and Marvin, B. J. , "Transfer of Development Rights: An Analysis of a New Land Use Policy Tool: Reply ", *Amer. J. Agr. Econ*, No. 5, 1977, pp. 394—396.

[204] Ron G. and Ed N. , "Loggers versus Campers: Compensation for the Taking of Property Rrights", *Journal of Law Economics & Organization*, No. 4, 2005, pp. 136—152.

[205] Thomas L. D. , "Coordinating Opposite Approuches to Managing Urban Growth and Curbing Sprawl", *American Journal of Economics and Sociology*, Vol. 60, No. 1, 2001, pp. 229—243.

[206] Thorsnes, P. and G. P. W. Simons, "Letting the Market Preserve Land: The Case A Market-Driven Transfer Development Rights Program", *Contemporary Economic Policy*, Vol. 17, No. 2, 1999,

pp. 256—266.

[207] Thorson, J. A. , "Zoning Policy Changes and the Urban Fringe Land Market", *Journal of the American Real Estate and Urban Economics Association*, No. 22, 1994, pp. 27—38.

[208] Thorson, J. A. , "An Examination of the Monopoly Zoning Hypothesis", *Land Economics*, No. 72, 1996, pp. 43—55.

[209] Timothy, J. R. , "The Economic Consequences of Regulatory Taking Risk on Land Value and Development Activity", *Journal of Urban Economics*, No. 41, 1997, pp. 56—77.

[210] Tomislav Vukina and Ada Wossink, "Envioment Policies and Agriculture Land Values Evidence from the Dutch Nutrient Quota System", *Land Economics*, Vol. 76, No. 3, 2000, pp. 413—429.

[211] Turner K. , "Econmics and Wetland Management", *Ambio*, Vol. 20, No. 2, 1991, pp. 59—61.

[212] Verne W. House, *Purchasing South Carolina Farmers' Development Rights Laws in force and proposed February 1998*, pp. 1—13.

[213] Veseth, Michael, "Alternative Policies for Preserving Farm and Open Areas: Analysis and Evaluation of Available Options", *American Journal of Economics and Sociology*, Vol. 38, No. 1, 1979, pp. 97—109.

[214] Wiebe, K. , A. Tegene, B. Kuhn, "Partial Inerests in Land: Policy Tools for Resource Use and Conservation. US Department of Agriculture, Economic Research Service", *Agricultural Economic Report*, No. 744, 1996.

[215] Willis Peterson, "Land Quality and Price", *American journals of Agriculture Economics*, No. 6, 1986, pp. 812—819.

[216] Zhang Y. , Cai Y. L. , "Using Contingent Valuation Method to Value Environmental Resources: A Review", *Acta Scientiarum Naturalium Universitatis Pekinensis*, Vol. 41, No. 2, 2005, pp. 317—328.